Anonymous

Liederbuch zunächst für die Schulen des osnabrückschen Landes

9. Auflage

Anonymous

Liederbuch zunächst für die Schulen des osnabrückschen Landes
9. Auflage

ISBN/EAN: 9783743385917

Hergestellt in Europa, USA, Kanada, Australien, Japan

Cover: Foto ©Paul-Georg Meister /pixelio.de

Manufactured and distributed by brebook publishing software (www.brebook.com)

Anonymous

Liederbuch zunächst für die Schulen des osnabrückschen Landes

2. O Tannenbaum, o Tannenbaum, du kannst mir sehr gefallen. Wie oft hat nicht zur Weihnachtszeit ein Baum von dir mich hoch erfreut! O Tannenbaum, o Tannenbaum, du kannst mir sehr gefallen.
3. O Tannenbaum, o Tannenbaum, dein Kleid will mich was lehren: Die Hoffnung und Beständigkeit giebt Trost und Kraft zu jeder Zeit. O Tannenbaum, o Tannenbaum, das soll dein Kleid mich lehren!

Nach einem Volksliede gedichtet von E. G. S. Anschütz.

2. Die Kinder bei der Krippe.

Freudig.   J. A. P. Schulz.

1. Ihr Kin-der-lein, kom-met, o kom-met doch all'!
 Zur Krip-pe her kom-met in Beth-le-hems Stall
 und seht, was in die-ser hoch-hei-li-gen Nacht der Va-ter im
 Him-mel für Freu-de uns macht!

2. O seht in der Krippe, im nächtlichen Stall, seht hier bei des Lichtleins hellglänzendem Strahl in reinlichen Windeln das himmlische Kind, viel schöner und holder, als Engel es sind.

3. Da liegt es — ach! Kinder, auf Heu und auf Stroh; Maria und Joseph betrachten es froh; die redlichen Hirten knien' betend davor, hoch oben schwebt jubelnd der Engelein Chor.

4. O beugt, wie die Hirten, anbetend die Knie; erhebet die Händlein und danket wie sie! Stimmt freudig, ihr Kinder, wer wollt' sich nicht freun? — stimmt freudig zum Jubel der Engel mit ein!

5. O betet: Du liebes, du göttliches Kind, was leidest du alles für unsere Sünd'! Ach, hier in der Krippe schon Armut und Not, am Kreuze dort gar noch den bitteren Tod!

6. Was geben wir Kinder, was schenken wir dir, du bestes und liebstes der Kinder, dafür? Nichts willst du von Schätzen und Freuden der Welt; ein Herz nur voll Unschuld allein dir gefällt.

7. So nimm uns're Herzen zum Opfer denn hin! — wir geben sie gerne mit fröhlichem Sinn; und mache sie heilig und selig wie dein's, und mach' sie auf ewig mit deinem nur eins!

                                                                                        Christoph v. Schmid.

3. Weihnachtsfreude.

Heiter.   Hann. Kinderlied.

1. Mor-gen, Kin-der, wird's was ge-ben, mor-gen wer-den wir uns
 Welch ein Ju-bel, welch ein Le-ben wird's in un-serm Hau-se

{freun-
 sein!} Ein=mal wer=ben wir noch wach, hei=ßa! bann ist Weihnachtstag.

2. Wie wird dann die Stube glänzen von der großen Lichterzahl! Schöner, als bei frohen Tänzen ein geputzter Kronensaal. Wißt ihr noch, wie vor'ges Jahr es am heil'gen Abend war?
3. Wißt ihr noch mein Räderpferdchen? Malchens nette Schäferin? Jett= chens Küche mit dem Herdchen und dem blank geputzten Zinn? Heinrichs bunten Harlekin mit der gelben Violin'?
4. Wißt ihr noch den großen Wagen und die schöne Jagd von Blei? Uns're Kleiderchen zum Tragen und die viele Näscherei? meinen fleiß'gen Sägemann mit der Kugel unten dran?
5. Welch ein schöner Tag ist morgen! Neue Freude hoffen wir; uns're guten Eltern sorgen lange, lange schon dafür. O gewiß, wer sie nicht ehrt, ist der ganzen Lust nicht wert!

4. Winters Ankunft.

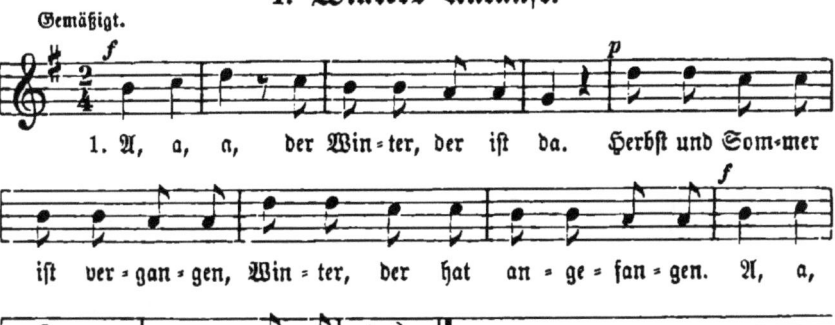

2. E, e, e, nun giebt es Eis und Schnee. Blumen blühn an Fenster= scheiben, sind sonst nirgends aufzutreiben. E, e, e, nun giebt es Eis und Schnee.
3. J, i, i, vergiß des Armen nie! Hat oft nichts, sich zuzudecken, wenn nun Frost und Kält' ihn schrecken. J, i, i, vergiß des Armen nie!
4. O, o, o, wie sind die Kindlein froh, wenn das Christkind thut was bringen, und „vom Himmel hoch" sie singen! O, o, o, wie sind die Kind= lein froh!
5. U, u, u, ich weiß wohl, was ich thu': Christkind lieben, Christkind loben mit den vielen Engeln oben. U, u, u, ich weiß wohl, was ich thu'.

5. Im Winter.

1. Singt Gottes Lob im Winter auch! Er ist so treu und gut. Er nimmt vor Frost und Sturmeshauch die Saat in sei - ne Hut.
2. Er deckt sie mit dem Schnee so dicht, so weich und sicher zu. Sie merkt den harten Winter nicht und schläft in stiller Ruh'.
3. Singt Gottes Lob zur Winterzeit! Er ist so treu und gut. Er schenkt dem Sperling warmes Kleid und warmes, rasches Blut.
4. Er zeiget ihm sein Futter an, ein Körnlein hie und da, und führt ihn, daß er's finden kann, auf Wegen fern und nah.
5. O lobet Gott den Winter lang! Er ist so treu und gut. Er führt auch eurer Füße Gang und giebt euch frohen Mut.
6. Und schenkt euch guter Gaben viel für euren Leib und Geist, schenkt Kraft und Fleiß und Lust zum Spiel und Glauben allermeist.

W. Hey.

6. Winters Abschied.

1. Win-ter, a - de! Scheiden thut weh. A - ber dein Schei-den macht,

daß mir das Her - ze lacht. Win-ter, a - de! Scheiden thut weh.

2. Winter, ade! Scheiden thut weh. Gerne vergeß' ich dein, kannst immer ferne sein. Winter, ade! Scheiden thut weh.
3. Winter, ade! Scheiden thut weh. Gehst du nicht bald nach Haus, lacht dich der Kuckuck aus. Winter, ade! Scheiden thut weh.

Hoffmann v. Fallersleben.

7. Frühlingsbote.

1. Kuk=kuk, Kuk=kuk ruft aus dem Wald: Las=set uns sin=gen, tan=zen und sprin=gen, Frühling, Frühling wird es nun bald!
2. Kuckuck, Kuckuck, läßt nicht sein Schrei'n: Komm in die Felder, Wiesen und Wälder! Frühling, Frühling, stelle dich ein!
3. Kuckuck, Kuckuck, trefflicher Held! Was du gesungen, ist dir gelungen. Winter, Winter räumet das Feld.

Hoffmann v. Fallersleben.

8. Sommerlied.

1. Tra=ri=ra, der Som=mer, der ist da, der Som=mer, der ist da! Wir wol=len 'naus in Gar=ten und woll'n des Som=mers war=ten.

Ja, ja, ja, der Som=mer, der ist da!

2. Trarira, der Sommer, der ist da! Wir wollen an die Hecken und woll'n den Sommer wecken. Ja, ja, ja 2c.
3. Trarira, der Sommer, der ist da! Der Sommer hat's gewonnen, der Winter hat's verloren. Ja, ja, ja 2c.
4. Trarira, der Sommer, der ist da! Der Winter liegt gefangen, den schlagen wir mit Stangen. Ja, ja, ja 2c.

Aus „des Knaben Wunderhorn".

9. Soldatenlied.

Marschmäßig. R. Schumann.

Ein schelltiges Pferd, ein blankes Gewehr und ein hölzernes Schwert, was braucht man denn mehr? Ich bin ein Soldat, man sieht's mir wohl an, ich marschiere schon grab', halt Schritt wie ein Mann. Mit trotzigem Mut zieh' morgens ich aus, kehr freundlich und gut um Mittag nach Haus. So wird exerziert zum Abend noch spat, bis der Schlaf kommandiert: zu Bett, Kamerad!

Hoffmann v. Fallersleben.

10. An den Fuchs.

Etwas bewegt.
Einige.

1. Fuchs, du hast die Gans gestohlen, gieb sie wieder her!

gieb sie wie-der her! sonst wird dich der Jä-ger ho-len mit dem Schießge-

wehr, sonst wird dich der Jä-ger ho-len mit dem Schieß-ge-wehr.

2. Seine große, lange Flinte schießt auf dich den Schrot, daß dich färbt die rote Tinte, und du bist dann tot!
3. Liebes Füchslein, laß dir raten, sei doch nur kein Dieb, nimm — du brauchst nicht Gänsebraten — mit der Maus vorlieb! E. G. S. Anschütz.

11. Siegfrieds Schwert.

Volksweise.

1. Jung Siegfried war ein stol-zer Knab', ging von des Va-ters

Burg her-ab, ging von des Va-ters Burg her-ab.

2. Wollt' rasten nicht in Vaters Haus, wollt' wandern in alle Welt hinaus.
3. Begegnet' ihm manch' Ritter wert, mit festem Schild und breitem Schwert.
4. Siegfried nur einen Stecken trug, das war ihm bitter und leid genug.
5. Und als er ging im finstern Wald, kam er zu einer Schmiede bald.
6. Da sah er Eisen und Stahl genug, ein lustig Feuer Flammen schlug.
7. „O Meister, lieber Meister mein, laß du mich deinen Gesellen sein!
8. Und lehr' du mich mit Fleiß und Acht, wie man die guten Schwerter macht!"
9. Siegfried den Hammer wohl schwingen kunnt', er schlug den Amboß in den Grund.
10. Er schlug, daß weit der Wald erklang und alles Eisen in Stücke sprang.
11. Und von der letzten Eisenstang' macht er ein Schwert, so breit und lang.
12. „Nun hab ich geschmiedet ein gutes Schwert, nun bin ich wie andre Ritter wert.
13. Nun schlag' ich wie ein andrer Held die Riesen und Drachen in Wald und Feld." L. Uhland.

12. Der Hauptmann.

1. {Auf, auf, ihr muntern Ka-me-ra-den, mit Wehr und Waf-fen
   {Wir spie-len wie-der-um Sol-da-ten, drum sagt, wer soll der

{groß und klein!
{Hauptmann sein? Mich nehmt zu eu-rem Hauptmann an, doch folgt mir

treu-lich Mann für Mann, doch folgt mir treu-lich Mann für Mann! Dich

nehmen wir zum Hauptmann an, wir fol-gen treulich Mann für Mann, wir

fol-gen treu-lich Mann für Mann.

2. (Alle.) Trompeter, auf zur Schlacht geblasen! Schon wirbelt laut der Trommel Ton. In Reih' und Glied hier auf dem Rasen, der Hauptmann wartet unser schon! (Hauptmann.) In Reih' und Glied, heran, heran, auf, folgt mir treulich Mann für Mann! (Alle.) In Reih' und Glied heran, heran, wir folgen treulich Mann für Mann.

3. (Alle.) Dort hinter jener Dornenhecke, da steht des Feindes kleines Heer. Wir treiben ihn aus dem Verstecke; nur vorwärts, fället das Gewehr! (Hauptmann.) Marsch, vorwärts, Brüder, drauf und dran, mir nach! Ich schreite euch voran. (Alle.) Nur vorwärts, Hauptmann, drauf und dran! Wir folgen, schreite uns voran!

4. (Alle.) Hurra, ergebet euch zur Stunde, ihr Feinde! Ho! — sie reißen aus. Der Sieg ist unser ohne Wunde, in Frieden ziehen wir nach Haus. (Hauptmann.) Ja, zieht in Frieden nun nach Haus, denn unser Spiel und Lied ist aus! (Alle.) Wir ziehn in Frieden nun nach Haus; denn unser Spiel und Lied ist aus.

Alb. Berg.

2. Der muß an der linken Seiten einen Säbel haben an, daß er, wenn die Feinde streiten, schießen und auch fechten kann. Büblein, wirst du rc.
3. Einen Gaul zum Galoppieren und von Silber auch zwei Spor'n, Zaum und Zügel zum Regieren, wenn er Sprünge macht im Zorn. Büblein, wirst du rc.
4. Einen Schnurrbart an der Nasen, auf dem Kopfe einen Helm, sonst, wenn die Trompeten blasen, ist er nur ein armer Schelm. Büblein, wirst du rc.

Fr. Güll.

14. Jäger und Hase.

Volksweise.

1. Gestern A=bend ging ich aus, ging wohl in den Wald hinaus. Saß ein Häs=lein in dem Strauch, guckt mit sei=nen Aug=lein 'raus; kommt das Häs=lein dicht her=an, daß mir's was er=zäh=len kann.

2. „Bist du nicht der Jägersmann, heh'st auf mich die Hunde an? Wenn dein Windspiel mich ertappt, hast du, Jäger, mich erschnappt; wenn ich an mein Schicksal denk', ich mich recht von Herzen kränk'."

3. Armes Häslein, bist so blaß! Geh' dem Bauer nicht mehr ins Gras, geh' dem Bauer nicht mehr ins Kraut, sonst bezahlst's mit deiner Haut; sparst dir manche Not und Pein, kannst mit Lust ein Häslein sein.

Aus „des Knaben Wunderhorn".

15. Schützenlied.

Munter. *Nach Anselm Weber.*

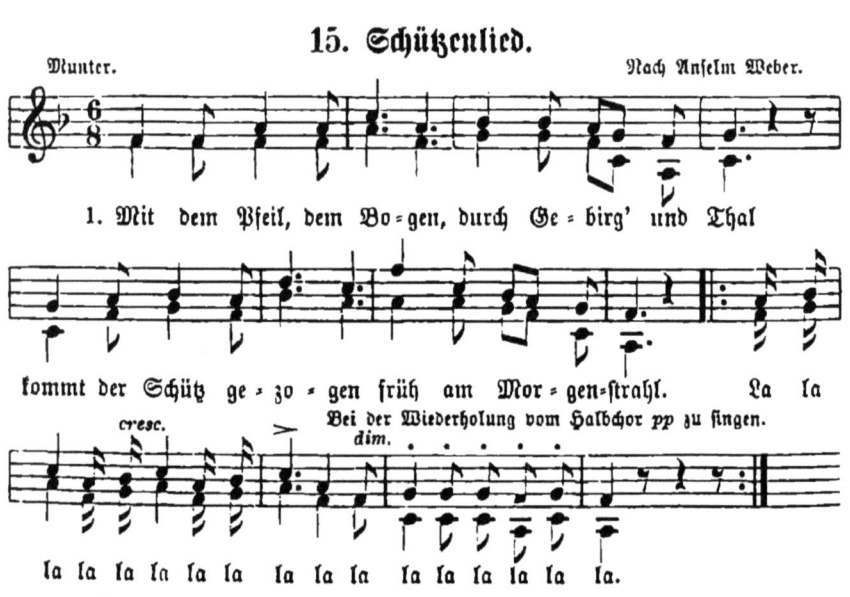

1. Mit dem Pfeil, dem Bo=gen, durch Ge=birg' und Thal kommt der Schütz ge=zo=gen früh am Mor=gen=strahl. La la la la la la la la la la la la la la la la la.

2. Wie im Reich der Lüfte König ist der Weih'; durch Gebirg' und Klüfte herrscht der Schütze frei. La la la ꝛc.

3. Ihm gehört das Weite, was sein Pfeil erreicht; das ist seine Beute, was da fleucht und kreucht. La la la ꝛc.

Schiller.

16. Frühlingslied.

1. Al-le Vö-gel sind schon da, al-le Vö-gel al-le. Welch ein Sin-gen Mu-si-zier'n, Pfei-fen, Zwitschern, Ti-re-lier'n! Frühling will nun ein-mar-schier'n, kommt mit Sang und Schal-le.
2. Wie sie alle lustig sind, flink und froh sich regen! Amsel, Drossel, Fink und Star und die ganze Vogelschar wünschet dir ein frohes Jahr, lauter Heil und Segen.
3. Was sie uns verkündet nun, nehmen wir zu Herzen. Wir auch wollen lustig sein, lustig wie die Vögelein, hier und dort, feldaus, feldein, singen, springen, scherzen. **Hoffmann v. Fallersleben.**

17. Gott in der Natur.

1. Vöglein im ho-hen Baum, klein ist's, ihr seht es kaum, singt doch so schön, daß wohl von nah und fern al-le die Leu-te gern hor-chen und stehn.
2. Blümlein im Wiesengrund blühen so lieb und bunt, tausend zugleich. Wenn ihr vorübergeht, wenn ihr die Farben seht, freuet ihr euch.
3. Wässerlein fließt so fort immer von Ort zu Ort nieder ins Thal; dürstet nun Mensch und Vieh, kommen zum Bächlein sie, trinken zumal.
4. Habt ihr es auch bedacht; wer sie so schön gemacht, alle die drei? Gott, der Herr, machte sie, daß sich nun spät und früh jedes bran freu'.

W. Hey.

18. Waldvögelein.

1. Ich geh' durch einen grasgrünen Wald und höre die Vögelein singen. Sie singen so jung, sie singen so alt, die kleinen Vögelein in dem Wald die hör' ich so gerne wohl singen.
2. O, sing' nur, singe, Frau Nachtigall! Wer möchte dich Sängerin stören? Wie wonniglich klingt's im Wiederhall! Es lauschen die Blumen, die Vögel all' und wollen die Nachtigall hören.
3. Nun muß ich wandern bergauf, bergab. Die Nachtigall singt in der Ferne. Es wird mir so wohl, so leicht am Stab, und wie ich schreite hinauf, hinab, die Nachtigall singt in der Ferne.

Nach einem alten Volksliede. G. H. Klette.

19. Gott Vater.

1. Aus dem Himmel ferne, wo die Englein sind, schaut doch Gott so gerne her auf jedes Kind.
2. Höret seine Bitte treu bei Tag und Nacht, nimmt's bei jedem Schritte väterlich in Acht.
3. Giebt mit Vaterhänden ihm sein täglich Brot, hilft an allen Enden ihm aus Angst und Not.
4. Sagt's den Kindern allen, daß ein Vater ist, dem sie wohlgefallen, der sie nie vergißt!

W. Hey.

20. Der Gesang. *Volksweise.*

1. Ge-sang verschönt das Le-ben, Ge-sang er-freut das Herz; ihn hat uns Gott ge-ge-ben, zu lin-dern Sorg' und Schmerz. Die Vög-lein al-le sin-gen ein lieb-lich Man-cher-lei; sie flat-tern mit den Schwin-gen und le-ben froh und frei.

2. Es tönet aus den Lüften im hohen Jubilo, in Wäldern und auf Triften: Singt, Menschen, und seid froh! Wohlauf denn, laßt uns singen, den muntern Vögeln gleich! Laßt all' ein Lied erklingen, von Lieb' und Freude reich!

3. Ein Lied dem Freundschaftsbande, das uns zusammenhält; dem teuern Vaterlande, der ganzen Menschenwelt! Dem Manne deutsch und bieder, der nützet, wo er kann; dem Edeln, der sich Brüder durch Gutesthun gewann!

21. Sehnsucht nach dem Frühling. *Volksweise.*

Sehr mäßig.

1. O, wie ist es kalt ge-wor-den und so trau-rig, öd' und leer! Rauhe Win-de wehn von Nor-den, und die Son-ne scheint nicht mehr.

2. Auf die Berge möcht' ich fliegen, möchte sehn ein grünes Thal, möcht' in Gras und Blumen liegen und mich freun am Sonnenstrahl!

3. Möchte hören die Schalmeien und der Herden Glockenklang, möchte freuen mich im Freien an der Vögel süßem Sang!

4. Schöner Frühling, komm doch wieder! Lieber Frühling, komm doch bald! Bring' uns Blumen, Laub und Lieder, schmücke wieder Feld und Wald!

Hoffmann v. Fallersleben.

22. Winterlied.

Sanft. — Aug. Harder.

1. Wie ruhest du so stille in deiner weißen Hülle, du mütterliches Land! Wo sind des Frühlings Lieder, des Sommers bunt' Gefieder und dein beblümtes Festgewand, und dein beblümtes Festgewand?

2. Du schlummerst nun entkleidet; kein Lamm, kein Schäflein weidet auf deinen Au'n und Höh'n. Der Vöglein Lied verstummet, und keine Biene summet; doch bist du auch im Schlummer schön.

3. Die Zweig' und Ästlein schimmern und tausend Lichter flimmern, wohin das Auge blickt. Wer hat dein Bett bereitet, die Decke dir gespreitet und dich so schön mit Reif geschmückt?

4. Der gute Vater droben hat dir dein Kleid gewoben; er schläft und schlummert nicht. So schlummre denn in Frieden! Der Vater weckt die Müden zu neuer Kraft und neuem Licht.

5. Bald, in des Lenzes Wehen wirst du verjüngt erstehen zum Leben wunderbar. Sein Odem schwebt hernieder; dann, Erde, stehst du wieder mit einem Blumenkranz im Haar.

Fr. A. Krummacher.

23. Der Winter.

Kräftig. — Reichardt.

1. Der Winter ist ein rechter Mann, kernfest und auf die Dauer; sein Fleisch fühlt sich wie Eisen an und scheut nicht süß noch sauer.

15

2. Er zieht sein Hemd im Freien an und läßt's vorher nicht wärmen, und spottet über Fluß im Zahn und Grimmen in Gebärmen.
3. Aus Blumen und aus Vogelsang weiß er sich nichts zu machen, haßt warmen Trank und warmen Klang und alle warmen Sachen.
4. Doch wenn die Füchse bellen sehr, wenns Holz im Ofen knittert, und um den Ofen Knecht und Herr die Hände reibt und zittert;
5. Wenn Stein und Bein vor Frost zerbricht, und Teich und Seen krachen: das klingt ihm gut, das haßt er nicht, dann will er tot sich lachen.
6. Sein Schloß von Eis liegt ganz hinaus beim Nordpol an dem Strande; doch hat er auch ein Sommerhaus im lieben Schweizerlande.
7. Da ist er denn bald dort, bald hier, gut Regiment zu führen, und wenn er durchzieht, stehen wir und sehn ihn an und — frieren.

M. Claudius.

24. Sehnsucht nach dem Frühling.

Mit verkürztem Texte in eigener Weise von J. A. Federer.

Gemütlich.

1. Schö-ner Früh-ling, komm doch wie-der! Lie-ber Früh-ling, komm doch bald! Bring' uns Blu-men, Laub und Lie-der, schmük-ke wie-der Feld und Wald! La la la la la la la (la) la la la la la la la la la la la (la) la la la.

2. Auf die Berge möcht' ich fliegen, möchte sehn ein grünes Thal, möcht' in Gras und Blumen liegen und mich freun am Sonnenstrahl! La la la :c.
3. Möchte hören die Schalmeien und der Herden Glockenklang, möchte freuen mich im Freien an der Vögel süßem Sang! La la la :c.
4. Schöner Frühling, komm doch wieder! Lieber Frühling, komm doch bald! Bring' uns Blumen, Laub und Lieder, schmücke wieder Feld und Wald! La la la :c.

Hoffmann v. Fallersleben.

25. Die Jahreszeiten.

Lebhaft. — *Himmel.*

1. Wie schön ist der Wechsel der Zei-ten, o Freun-de, im wandeln-den Jahr; wie herr-li-che Freuden be-rei-ten und bringen dem Menschen sie dar, und brin-gen dem Menschen sie dar!

2. Der Frühling schenkt Wonne und Leben der wiedererwachten Natur; dann grünen die Bäume und Reben, die Saaten, die Wiesen, die Flur.
3. Der Sommer mit heißeren Tagen reift, was uns der Frühling gebar, und bringt, wenn ermattet wir klagen, sanft kühlende Früchte uns dar.
4. Den letzten erfreulichen Segen gewährt uns die herbstliche Zeit, dann reift uns die Traube entgegen, das Herz zu erfreuen bereit.
5. Und schüttelt vom kalten Gefieder der Winter uns Schnee auf die Flur, so schlägt uns sein Stürmen nicht nieder, sein Eislauf ergötzet uns nur.
6. Drum lieb' ich den Wechsel der Zeiten, o Freunde, im wandelnden Jahr; wie herrliche Freuden bereiten und bringen dem Menschen sie dar!

Lieberkühn.

26. Sehnsucht nach dem Frühling.

Munter. — *W. A. Mozart.*

1. Komm, lie-ber Mai, und ma-che die Bäu-me wie-der grün und laß mir an dem Ba-che die kleinen Veil-chen blüh'n! Wie möcht' ich doch so

17

ger = ne ein Veil = chen wie = der ſehn, ach, lie = ber Mai, wie ger = ne ein = mal ſpa = zie = ren gehn!

2. Zwar Wintertage haben wohl auch der Freuden viel; - man kann im Schnee eins traben und treibt manch Abendſpiel; baut Häuſerchen von Karten, ſpielt Blindekuh und Pfand; auch giebt's wohl Schlittenfahrten aufs liebe freie Land.

3. Doch wenn die Vöglein ſingen, und wir dann froh und flink auf grünem Raſen ſpringen, das iſt ein ander Ding. Jetzt muß mein Steckenpferdchen dort in dem Winkel ſtehn; denn draußen in dem Gärtchen kann man vor Schmutz nicht gehn.

4. Ach, wenn's doch erſt gelinder und grüner draußen wär'! Komm, lieber Mai, wir Kinder, wir bitten gar zu ſehr! O komm und bring' vor allem uns viele Veilchen mit, bring auch viel Nachtigallen und ſchöne Kuckucks mit!

G. D. Jäger.

27. Frühlings Ankunft.

Munter. J. Gersbach.

Einzelne; im Chor wiederholt.

1. Der Lenz thut ſei = nen Freu = den = gruß an Feld und Wald
3. Wird er nicht ſelbſt auf flücht' = gen Fuß ſich ſet = zen bald,

Chor.

1. in die = ſen hel = len Ta = gen, in die = ſen hel = len Ta = gen.
2. es hilft ihm nichts ſein Kla = gen, es hilft ihm nichts ſein Kla = gen.
3. ſo wird man ihn ver = ja = gen, ſo wird man ihn ver = ja = gen.

2. Das ſieht der Win = ter mit Ver=druß und ma = chet Halt;

Fr. Rückert.

2

28. Wanderschaft.

2. Herr Vater, Frau Mutter, daß Gott euch behüt'! Wer weiß, wo in der Ferne mein Glück mir noch blüht? Es giebt so manche Straße, da nimmer ich marschiert, es giebt so manchen Wein, den ich nimmer noch probiert.

3. Frisch auf drum, frisch auf drum im hellen Sonnenstrahl, wohl über die Berge, wohl durch das tiefe Thal! Die Quellen erklingen, die Bäume rauschen all'. Mein Herz ist wie 'ne Lerche und stimmet ein mit Schall.

4. Und abends im Städtlein, da kehr ich durstig ein: „Herr Wirt, mein Herr Wirt, eine Kanne blanken Wein! Ergreife die Fidel, du lust'ger Spielmann du! Von meinem Schatz das Liedel, das sing' ich dazu."

5. Und find' ich keine Herberg', da lieg' ich zu Nacht wohl unter blauem Himmel, die Sterne halten Wacht; im Winde die Linde, die rauscht mich ein gemach; es küsset in der Frühe das Morgenrot mich wach.

6. O Wandern, o Wandern, du freie Burschenlust! Da wehet Gottes Odem so frisch in die Brust; da singet und jauchzet das Herz zum Himmelszelt: Wie bist du doch so schön, o du weite, weite Welt!

E. Geibel.

29. Sommerlied.

2. Die Bäume stehen voller Laub, das Erdreich decket seinen Staub mit einem grünen Kleide. Narcissen und die Tulipan, die ziehen sich viel schöner an, als Salomonis Seide.

3. Die Lerche schwingt sich in die Luft, das Täublein fleugt aus seiner Kluft und macht sich in die Wälder. Die hochbegabte Nachtigall ergötzt und füllt mit ihrem Schall Berg, Hügel, Thal und Felder.

4. Die Bächlein rauschen in dem Sand und malen sich und ihren Rand mit schattenreichen Myrten. Die Wiesen liegen hart dabei und klingen ganz von Lustgeschrei der Schaf' und ihrer Hirten.

5. Ich selbsten kann und mag nicht ruhn, des großen Gottes großes Thun erweckt mir alle Sinnen; ich singe mit, wenn alles singt, und lasse, was dem Höchsten klingt, aus meinem Herzen rinnen.

6. Ach, denk' ich, bist du hie so schön, und läßt du's uns so lieblich gehn auf dieser armen Erden: was will doch wohl nach dieser Welt, dort in dem reichen Himmelszelt und güldnen Schlosse werden!

7. O, wär' ich da, o, stünd' ich schon, ach süßer Gott, vor deinem Thron und trüge meine Palmen: so wollt' ich, nach der Engel Weis', erhöhen deines Namens Preis mit tausend schönen Psalmen!

8. Hilf nur und segne meinen Geist mit Segen, der vom Himmel fleußt, daß ich dir stetig blühe; gieb, daß der Sommer deiner Gnad' in meiner Seelen früh und spat viel Glaubensfrücht' erziehe!

P. Gerhardt.

30. Morgenwanderung.

Volksweise.

1. Wer recht in Freuden wandern will, der geh' der Sonn' entgegen;
da ist der Wald so kirchenstill, kein Lüftchen mag sich regen;
noch sind nicht die Lerchen wach, nur im hohen Gras der Bach singt leise, singt leise, singt leise den Morgensegen.

2. Die ganze Welt ist wie ein Buch, darin uns aufgeschrieben in bunten Zeilen manch ein Spruch, wie Gott uns treu geblieben. Wald und Blumen nah und fern und der helle Morgenstern sind Zeugen von seinem Lieben.

3. Da zieht die Andacht wie ein Hauch durch alle Sinnen leise; da pocht ans Herz die Liebe auch in ihrer stillen Weise; pocht und pocht, bis sich's erschließt, und die Lippe überfließt von lautem, jubelndem Preise.

4. Und plötzlich läßt die Nachtigall im Busch ihr Lied erklingen; in Berg und Thal erwacht der Schall und will sich aufwärts schwingen, und der Morgenröte Schein stimmt in lichter Glut mit ein: O laßt uns dem Herrn lobsingen!

E. Geibel.

31. Grüne Vögelein.

J. Gersbach.

1. Es kamen grüne Vögelein geflogen her vom Himmel,
und setzten sich im Sonnenschein in fröhlichem Gewimmel
all' an des Baumes Äste, und saßen da so

fe = ste, als ob sie an = ge = wach=sen sei'n.

2. Sie schaukelten in Lüften lau auf ihren schwanken Zweigen. Sie aßen Licht und tranken Tau und wollten auch nicht schweigen; sie sangen leise, leise auf ihre stille Weise von Sonnenschein und Himmelsblau.

3. Wenn Wetternacht auf Wolken saß, so schwirrten sie erschrocken. Sie wurden von dem Regen naß und wurden wieder trocken. Die Tropfen rannen nieder vom grünenden Gefieder, und desto grüner wurde das.

4. Da kam am Tag der scharfe Strahl, ihr grünes Kleid zu sengen, und nächtlich kam der Frost einmal, mit Reif es zu besprengen. Die armen Vöglein froren, ihr Frohsinn war verloren, ihr grünes Kleid war bunt und fahl.

5. Da trat ein starker Mann zum Baum, und hub ihn an zu schütteln, vom obern bis zum untern Raum mit Schauer zu durchrütteln. Die bunten Vöglein girrten und auseinander schwirrten. Wohin sie flogen, weiß man kaum.

Fr. Rückert.

32. Frühling.

2. Juchhei! Lüftelein! hauche und wehe! Hell der Himmel über dir, bunt die Erde unter dir. Juchhei! Heididei! Lüftlein und wehe!

3. Juchhei! Bächlein klein, rausche und brause! Brause hin durch Berg und Thal, grüß' die Freunde allzumal! Juchhei! Heididei! Bächlein und brause!

4. Juchhei! Vögelein, klinge und singe! Blütenhain und Sonnenschein, Frühling tanzt den bunten Reih'n. Juchhei! Heididei! Vöglein und singe!

5. Juchhei! Menschenherz, klinge und springe! Wolltest du das letzte sein, da sich alle Wesen freun? Juchhei! Heididei! Klinge und springe!

6. Juchhei! alle Welt! Juchhei in Liebe! Liebeslust und Wonneschall! Erd' und Himmel halten Ball! Juchhei! Heididei! Juchhei in Liebe!

E. M. Arndt.

33. Vergißmeinnicht.

Langsam.   J. A. P. Schulz.

1. Es blüht ein schö=nes Blümchen auf uns'=rer grü=nen Au', sein Aug' ist wie der Him=mel, so hei=ter und so blau.

2. Es weiß nicht viel zu reden und alles, was es spricht, ist immer nur dasselbe, ist nur: Vergiß mein nicht!

3. Wenn ich zwei Äuglein sehe, so heiter und so blau, so denk' ich an mein Blümchen auf uns'rer grünen Au'.   Hoffmann v. Fallersleben.

34. Waldkonzert.

Frisch.   C. A. Kern.

1. Kon=zert ist heu=te an=ge=sagt im fri=schen, grü=nen Wald. Die Mu=si=kan=ten stim=men schon; hör', wie es lu=stig schallt! Das ju=bi=liert und mu=si=ziert, das schmet=tert und das schallt. Das geigt und singt und pfeift und klingt im fri=schen, grü=nen Wald.

2. Der Distelfink spielt keck vom Blatt die erste Violin; sein Vetter Buchfink nebenan begleitet lustig ihn. Das jubiliert und musiziert rc.

3. Frau Nachtigall, die Sängerin, die singt so hell und zart, und Monsieur Hänfling bläst dazu die Flöt' nach bester Art! Das jubiliert und musiziert rc.

4. Die Drossel spielt die Klarinett', der Rab', der alte Mann, streicht den verstimmten Brummelbaß, so gut er streichen kann. Das jubiliert und musiziert rc.

5. Der Kuckuck schlägt die Trommel gut, die Lerche steigt empor und schmettert mit Trompetenklang voll Jubel in den Chor! Das jubiliert und musiziert ꝛc.
6. Musikdirektor ist der Specht, er hat nicht Rast noch Ruh, schlägt mit dem Schnabel spitz und lang gar fein den Takt dazu. Das jubiliert und musiziert ꝛc.
7. Verwundert hören Has' und Reh das Fideln und das Schrei'n, und Biene, Mück' und Käferlein, die stimmen surrend ein. Das jubiliert und musiziert ꝛc.

G. Chr. Tieffenbach.

35. Sommerlied.

1. Auf dem Berge bin ich gesessen, hab den Vöglein zugeschaut; hab'n gesungen, hab'n gesprungen, hab'n Nestlein gebaut.
2. In dem Garten bin ich gestanden, hab' den Immlein zugeschaut, hab'n gebrummet, hab'n gesummet, hab'n Zellein gebaut.
3. Auf der Wiese bin ich gegangen, sah die Sommervöglein an; hab'n geflogen, hab'n gesogen, gar schön war's gethan.

Volkslied aus der Schweiz.

36. Morgenlied.

1. Erwacht vom süßen Schlummer, gestärkt durch sanfte Ruh' jauchzt, Vater, frei von Kummer, Preis unser Herz dir zu.
2. Du bist es, der dem Müden, dem Schwachen Kraft geschenkt; du sprachest: „Schlaft in Frieden! erwachet ungekränkt!"
3. Nun streust du Lust und Segen auf alles, was wir sehn; wir sehn sich alles regen und alles neu erstehn.
4. O Gott, wie glänzt im Taue so schön die Morgenflur! Die Welt, so weit ich schaue, zeigt deiner Güte Spur.
5. Aus tausend Kehlen schallet dir laut des Waldes Chor; aus tausend Blumen wallet dir Opferduft empor.
6. O, laßt auch uns erheben den Herrn das Lebenlang! Ja, unser ganzes Leben sei lauter Lobgesang!

Lavater.

37. Loblied.

2. Es schall' empor zu seinem Heiligtume aus unserm Chor ein Lied zu seinem Ruhme! Lobt froh den Herrn!
3. Vom Preise voll, laßt unser Lied ihm singen! Das Loblied soll zu seinem Throne dringen! Lobt froh den Herrn!

Georg Geßner.

38. Danklied.*)

———————
*) Am Erntefeste ꝛc.

e = wig = lich, sie wäh = ret e = wig = lich.

2. Lobet den Herrn! Ja lobe den Herrn auch meine Seele; vergiß es nie, was er dir Gut's gethan!
3. Sein ist die Macht! Allmächtig ist Gott; sein Thun ist weise, und seine Huld wird jeden Morgen neu.
4. Groß ist der Herr! Ja, groß ist der Herr; sein Nam' ist heilig, und alle Welt ist seiner Ehre voll.
5. Betet ihn an! Anbetung dem Herrn! Mit hoher Ehrfurcht werd' auch von uns sein Name stets genannt!
6. Singet dem Herrn! Lobsinget dem Herrn in frohen Chören, denn er vernimmt auch unsern Lobgesang.

Bürde. (?) (Vers 2—6 von K. F. W. Herroſé.)

39. Das Kirchlein.

1. Ein Kirchlein steht im Blau = en auf stei = len Ber = ges Höh', und mir wird beim Be=schau = en des Kirchleins wohl und weh', des Kirchleins wohl und weh'.

2. Verödet steht es droben, ein Denkmal früh'rer Zeit. Vom Morgenrot gewoben wird ihm sein Sonntagskleid.
3. Und wenn die Glocken klingen im frischen Morgenhauch, dann regt mit zarten Schwingen sich dort ein Glöcklein auch.
4. Es weckt sein mildes Schallen die Vorzeit wunderbar; zum Kirchlein seh' ich wallen der frommen Beter Schar.

Wilhelm Kilzer.

40. Wie sich die Lerche über die Berge schwingt und singt.

Mäßig.   Fr. Silcher.

1. Die Ler-che hat er-spü-ret ein Würmlein in dem Feld. Nun weiß sie, daß ge-büh-ret auch Dank dem Herrn der Welt.

2. Da rauscht sie aus den Schlüften und Furchen schnell hervor, und schaukelt sich in Lüften und schwingt und schwebt empor.
3. Und singt und jubilieret so, daß es schallt und gellt, und jauchzt und tirilieret dem großen Herrn der Welt.
4. Und hast du's schon gesehen, mein Kind, und hast's gehört; so wirst du auch verstehen, was dich das Lerchlein lehrt.   Fr. Güll.

41. An die Glocke.

Gemütlich langsam.   F. E. Fesca.

1. Glok-ke, du klingst fröh-lich, wenn der Hoch-zeits-rei-hen zu der Kir-che geht; Glok-ke, du klingst hei-lig, wenn am Sonntag mor-gen öd' der Al-ter steht.

2. Glocke, du klingst tröstlich, rufest du am Abend, daß es Betzeit sei. Glocke, du klingst traurig, rufest du: Das bittre Scheiden ist vorbei.
3. Sprich, wie kannst du klagen, wie kannst du dich freuen? Bist ein tot Metall, aber unsre Leiden, aber unsre Freuden, die verstehst du all'.
4. Gott hat Wunderbares, was wir nicht begreifen, Glock', in dich gelegt. Muß das Herz versinken, du nur kannst ihm helfen, wenns der Sturm bewegt.

         A. Schreiber.

42. Zufriedenheit.

Mäßig bewegt.   Chr. Gottl. Neefe.

1. Was frag' ich viel nach Geld und Gut, wenn ich zu=frie=den bin! Giebt Gott mir nur ge=sun=des Blut, so hab' ich fro=hen Sinn!

und sing' aus dankba=rem Ge=müt mein Morgen und mein A=bend=lied.

2. So mancher schwimmt in Überfluß, hat Haus und Hof und Geld, und ist doch immer voll Verdruß, und freut sich nicht der Welt. Je mehr er hat, je mehr er will; nie schweigen seine Klagen still.

3. Da heißt die Welt ein Jammerthal, und däucht mir doch so schön; hat Freuden ohne Maß und Zahl, läßt keinen leer ausgehn. Das Käferlein, das Vögelein darf sich ja auch des Maien freun.

4. Und uns zu Liebe schmücken ja sich Wiese, Berg und Wald; und Vögel singen fern und nah', daß alles wiederhallt. Bei Arbeit singt die Lerch' uns zu, die Nachtigall bei süßer Ruh'.

5. Und wenn die goldne Sonn' aufgeht, und golden wird die Welt, und alles in der Blüte steht, und Ähren trägt das Feld; dann denk' ich: Alle diese Pracht hat Gott zu meiner Lust gemacht.

6. Dann preis' ich laut und lobe Gott, und schweb' in hohem Mut, und denk': Es ist ein lieber Gott, und meint's mit Menschen gut. Drum will ich immer dankbar sein und mich der Güte Gottes freun.   J. M. Miller.

43. Sommerabendlied.

Gemütlich langsam.   G. K. Claudius.

1. Komm, stil=ler A=bend, nie=der auf uns'=re klei=ne Flur! Dir tö=nen uns'=re Lie=der. Wie schön bist du, Na=tur!

2. Die Abendröte steiget herab ins kühle Thal, und allgemach erbleichet der Sonne letzter Strahl.

3. Allüberall herrscht Schweigen; nur schwingt der Vögel Chor noch aus den dunkeln Zweigen den Nachtgesang empor.

4. Kommst, lieber Abend, nieder auf uns're kleine Flur! Dir tönen uns're Lieder. Wie schön bist du, Natur!   Nach G. K. Claudius.

44. Sommerabendlied.

(Auch in B-dur zu singen.)

Mäßig langsam und sanft.   W. G. Becker.

1. Will-kom-men, o se-li-ger A-bend, dem Her-zen, das froh dich ge-nießt! Du bist so er-quik-kend, so la-bend; drum sei uns recht herz-lich ge-grüßt!

2. In deiner erfreulichen Kühle vergißt man die Leiden der Zeit, vergißt man des Mittages Schwüle und ist nur zum Danken bereit.
3. Im Kreise sich liebender Freunde, gelagert im schwellenden Grün, da segnet man fluchende Feinde und läßet in Frieden sie ziehn.
4. Willkommen, o Abend voll Milde! Du schenkst den Ermüdeten Ruh', versetz'st uns in Edens Gefilde und lächelst uns Seligkeit zu.   Fr. v. Ludwig.

45. Die Abendsonne.

Nicht zu langsam.   H. G. Nägeli.

1. Goldne A-bend-son-ne, wie bist du so schön! Nie kann oh-ne Won-ne dei-nen Glanz ich sehn

2. Willst nun, Sonne, fliehen mit dem schönen Strahl, nach dem Meere ziehen über Berg und Thal?
3. Abendglocken singen von der Türme Dach, mit gewalt'gem Schwingen dir dir den Abschied nach.
4. Und die Hände heben zum Gebet sich all'; die Gebete schweben auf zum Glockenschall.
5. Noch erhellt dein Blitzen auf dem Turm den Kranz und der Berge Spitzen mit dem Purpurglanz.
6. Seht, sie ist geschieden, läßt uns in der Nacht! Doch wir sind in Frieden, der im Himmel wacht.
7. Du, o Gott der Wunder, der im Himmel wohnt, gehest nicht so unter, wie die Sonn', der Mond.
8. Wollest doch uns senden, Herr, dein ewig Licht, daß zu dir wir wenden unser Angesicht!   Chr. Gottlob Barth.

46. Abendglöcklein.

2. Hört ihr das Blöken der Lämmer? Kühlende Lüfte schon wehn; sehet, es fängt an zu dämmern; lasset zur Hütte uns gehn! Trauliches Glöcklein, du :c.
3. Dörfchen, o sei uns willkommen! Heut ist die Arbeit vollbracht; bald, von Sternen umschwommen, nahet die feiernde Nacht. Trauliches Glöcklein, du :c.

47. Abendfeier.

2. Die Blumen müssen wohl schweigen; kein Ton ist Blumen bescheert; doch — stille Beter — neigen sie alle das Haupt zur Erd'.
3. Ja, alles betet lebendig um eine selige Ruh', und alles mahnt mich inständig: O Menschenkind, bete auch du!   Philipp Spitta.

48. Nachtgebet.

2. Hab' ich Unrecht heut' gethan, sieh es, lieber Gott, nicht an! Deine Gnad und Jesu Blut macht ja allen Schaden gut.

3. Alle, die mir sind verwandt, Gott, laß ruhn in deiner Hand! Alle Menschen groß und klein, sollen dir befohlen sein!
4. Kranken Herzen sende Ruh', nasse Augen schließe zu! Laß den Mond am Himmel stehn und die stille Welt besehn!
Luise Hensel.

49. Sandmännchen.

Mäßig langsam und zart.   *Volksweise.*

1. Die Blü-me-lein all' schla-fen schon längst im Mon-den-schein; sie nik-ken mit den Köp-fen auf ih-ren Sten-ge-lein; es rüt-telt sich der Blü-ten-baum, er sän-selt wie im Traum. Schla-fe, schla-fe, schlaf' du, mein Kin-de-lein!

2. Die Vögelein, sie sangen so süß im Sonnenschein, sind nun zur Ruh' gegangen in ihre Nestelein; das Heimchen in den Ährengrund thut sich alleine kund. Schlafe ꝛc.

3. Sandmännchen kommt geschlichen und guckt durchs Fensterlein, ob irgend wo ein Liebchen nicht mag zu Bette sein; und wo er nur ein Kindlein fand, streut er ins Auge Sand. Schlafe ꝛc.

4. Sandmännchen, weich von hinnen! Es schläft mein Herzchen fein, es ist gar fest verschlossen schon sein Guckäugelein; es leuchten morgen mir Willkomm die Augelein so fromm. Schlafe ꝛc.

50. Der Mond ist aufgegangen.

1. Der Mond ist auf=ge=gan=gen, die gold=nen Sternlein prangen am Him=mel hell und klar. Der Wald steht schwarz und schwei=get, und aus den Wie=sen stei=get der wei=ße Ne=bel wun=der=bar.

2. Wie ist die Welt so stille, und in der Dämm'rung Hülle so traulich und so hold; als eine stille Kammer, wo ihr des Tages Jammer verschlafen und vergessen sollt.

3. So legt euch denn, ihr Brüder, in Gottes Namen nieder! Kalt ist der Abendhauch. Verschon' uns, Gott, mit Strafen, und laß uns ruhig schlafen, und unsern kranken Nachbar auch!

M. Claudius.

51. Abendgedanken.

1. {Gu=ter Mond, du gehst so stil=le durch die A=bend=wol=ken hin,
   {dei=nes Schöp=fers wei=ser Wil=le hieß auf je=ner Bahn dich ziehn. Leuch=te freund=lich je=dem

Mü-den in das stil-le Käm-mer-lein, und dein Schimmer gie-ße Frie-den ins be-dräng-te Herz hin-ein!

2. Guter Mond, du wandelst leise an dem blauen Himmelszelt, wo dich Gott zu seinem Preise hat als Leuchte hingestellt. Blicke traulich zu uns nieder durch die Nacht aufs Erdenrund! Als ein treuer Menschenhüter thust du Gottes Liebe kund.

3. Guter Mond, so sanft und milde glänzest du im Sternenmeer, wallest in dem Lichtgefilde hehr und feierlich einher. Menschentröster, Gottesbote, der auf Friedenswolken thront, zu dem schönsten Morgenrote führst du uns, o guter Mond.
K. W. J. Enslin.

52. Die schönsten Schäfchen.

1. Wer hat die schön-sten Schäf-chen? Die hat der gold-ne Mond, der hin-ter un-sern Bäu-men, Bäu-men, am Him-mel drü-ben wohnt, am Him-mel drü-ben wohnt.

2. Er kommt am späten Abend, wenn alles schlafen will, hervor aus seinem Hause zum Himmel leis' und still.

3. Dann weidet er die Schäfchen auf seiner blauen Flur, denn all' die weißen Sterne sind seine Schäfchen nur.

4. Sie thun sich nichts zu leide, hat eins das andre gern, und Schwestern sind und Brüder da droben Stern an Stern.

5. Und soll ich dir eins bringen, so darfst du niemals schrein, mußt freundlich wie die Schäfchen und wie ihr Schäfer sein!
Hoffmann v. Fallersleben.

53. Abendlied.

(Auch in Es-dur zu singen.)

Mäßig. Fr. Silcher.

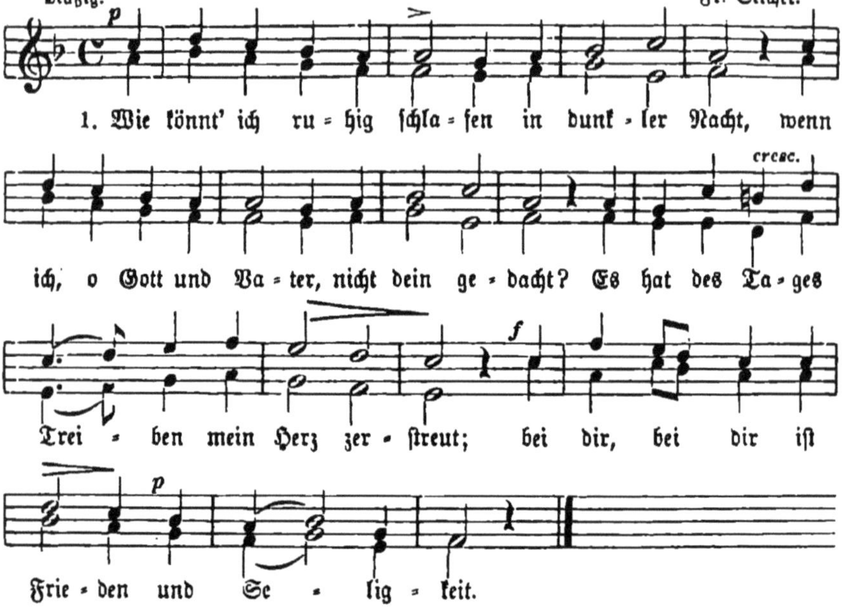
p
cresc.
f
p
1. Wie könnt' ich ru = hig schla = fen in dunk = ler Nacht, wenn
ich, o Gott und Va = ter, nicht dein ge = dacht? Es hat des Ta = ges
Trei = ben mein Herz zer = streut; bei dir, bei dir ist
Frie = den und Se = lig = keit.

2. O decke meine Mängel mit deiner Huld! Du bist ja, Gott, die Liebe und die Geduld. Gieb mir, um was ich flehe: ein reines Herz, das dir voll Freude diene in Glück und Schmerz!

3. Auch hilf, daß ich vergebe, wie du vergiebst, und meinen Bruder liebe, wie du mich liebst! So schlaf' ich ohne Bangen in Frieden ein und träume süß und stille und denke dein.

Agnes Franz.

54. Wiegenlied.

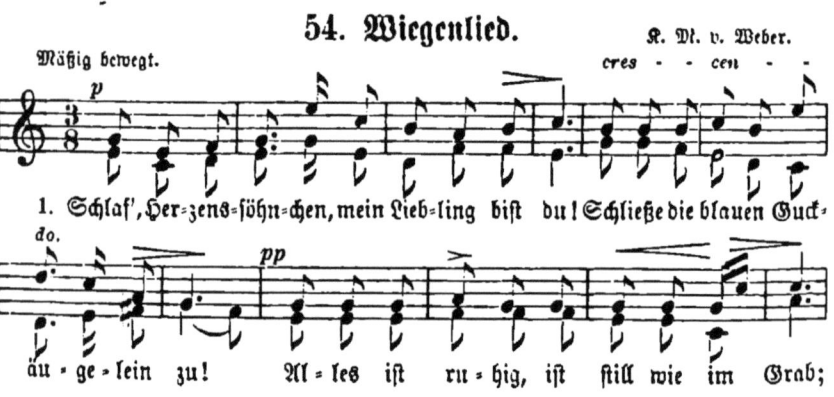

K. M. v. Weber.

Mäßig bewegt.

p
cres - - cen - -
do.
pp
1. Schlaf', Her=zens=söhn=chen, mein Lieb=ling bist du! Schließe die blauen Guck=
äu = ge = lein zu! Al = les ist ru = hig, ist still wie im Grab;

schlaf' nur, ich weh=re die Flie=gen dir ab!

2. Jetzt noch, mein Söhnchen, ist goldene Zeit; später, ach! später ist's nimmer wie heut'. Stellen erst Sorgen ums Lager sich her, Söhnchen, dann schläft sich's so ruhig nicht mehr.

3. Engel vom Himmel, so lieblich wie du, schweben ums Bettchen und lächeln dir zu; später zwar steigen sie auch noch herab, aber sie trocknen nur Thränen dir ab.

4. Schlaf', liebes Söhnchen, und kommt gleich die Nacht, sitzt deine Mutter am Bettchen und wacht! Sei es so spät auch und sei es so früh; Mutterlieb', Söhnchen, entschlummert doch nie.

Franz Karl Hiemer.

55. Gute Nacht!

2. Geht zur Ruh'! Geht zur Ruh'! Schließt die müden Augen zu! Stiller wird es auf den Straßen, und den Wächter hört man blasen, und die Nacht ruft allen zu: Geht zur Ruh'! Geht zur Ruh'!

3. Gute Nacht! Gute Nacht! Schlummert, bis der Tag erwacht! Schlummert, bis der neue Morgen kommt mit seinen neuen Sorgen. Ohne Furcht, der Vater wacht! Gute Nacht! Gute Nacht!

Th. Körner.

56. Die Liebe Gottes in Jesu.

Getragen.   D. S. Bortnianski.

1. Ich be=te an die Macht der Lie=be, die sich in Je=su of=fen=bart; ich geb' mich hin dem frei=en Trie=be, mit dem ich Wurm ge=lie=bet ward. Ich will, an=statt an mich zu den=ken, ins Meer der Lie=be mich ver=sen=ken.

2. Wie bist du mir so sehr gewogen, und wie verlangt dein Herz nach mir! Durch Liebe sanft und tief gezogen, neigt sich mein Alles auch nach dir. Du traute Liebe, süßes Wesen, du hast mich, ich hab' dich erlesen.

3. Für dich sei ganz mein Herz und Leben, Erlöser, du, mein einzig Gut! Du hast für mich dich hingegeben zum Heil durch dein Erlösungsblut. Du Heil des schweren, tiefen Falles, für dich sei ewig Herz und alles.

4. O Jesu, daß dein Name bliebe im Geist mir! Drück' ihn tief hinein! Laß deine süße Jesusliebe in Herz und Sinn gepräget sein! In Wort und Werk, in allem Wesen sei Jesus und sonst nichts zu lesen.

5. In diesem teuren Jesusnamen eröffnet sich des Vaters Herz. Da find' ich lauter Ja und Amen, den Trost und Heil für jeden Schmerz. O Herr, daß dies der Sünder müßte, sein Herz gar bald dich lieben müßte!

Gerhard Tersteegen.

57. Abendlied.

Sanft.   Volksweise.

1. Die Sonne sank, der A=bend naht, und stil=ler wird's auf Straß' und Pfad

und sü=ßer Frie=de, Ruh' und Rast folgt auf des Ta=ges Sorg' und Last.

2. Es schweigt der Wald, es schweigt das Thal, die Vögel schlafen allzumal, sogar die Blume nicket ein und schlummert bis zum Tag hinein.
3. Schon rieselt nieder kühler Tau auf Halm und Blatt in Feld und Au'. Im Laube spielet frische Luft, und Blüt' und Blume spendet Duft. —
4. Der Abendstern mit güldnem Schein blickt in die stille Welt hinein, als rief er jedem Herzen zu: Sei still, sei still und schlaf' auch du!

Hoffmann v. Fallersleben.

58. Die Heimat der Seele.

1. Wo fin=det die See=le die Hei=mat der Ruh'? Wer deckt sie mit schützen=den Fit=ti=chen zu? Ach, bie=tet die Welt kei=ne Frei=statt mir an, wo Sün=de nicht kom=men, nicht an=fech=ten kann? Nein, nein, nein, nein,

hier ist sie nicht; die Hei=mat der See=le ist [dro=ben im Licht.

2. Verlasse die Erde, die Heimat zu sehn, die Heimat der Seele, so herrlich, so schön! Jerusalem droben, von Golde gebaut, ist dieses die Heimat der Seele, der Braut? Ja, ja, ja, ja, dieses allein kann Ruh'platz und Heimat der Seele nur sein.

3. Wie selig die Ruhe bei Jesu im Licht! Tod, Sünde und Schmerzen, die kennt man dort nicht. Das Rauschen der Harfen, der liebliche Klang bewillkommt die Seele mit süßem Gesang. Ruh', Ruh', Ruh', Ruh', himmlische Ruh' im Schoße des Mittlers, ich eile dir zu.

59. Sehnsucht.

1. In die Ferne möcht' ich ziehen, weit von meines Vaters Haus, wo die Bergesspitzen glühen, wo die fremden Blumen blühen, ruhte meine Seele aus.
2. Hätt' ich Schwingen, hätt' ich Flügel, flög' ich auf zu meinem Stern, über Meere, Thäler, Hügel, sonder Schranke, sonder Zügel folgt' ich immer meinem Herrn.
3. Seinen Schwestern, seinen Brüdern will ich mich in Treue nahn, an den Armen, Blöden, Niedern, will ich dankend ihm erwidern, was er liebend mir gethan.
4. Einst erklingen andre Stunden, und das Herz nimmt andern Lauf, Erd' und Heimat ist verschwunden, in den sel'gen Liebeswunden löset aller Schmerz sich auf.
5. Meine Seele gleicht der Taube, die sich birgt im Felsenstein, wird der Erde nicht zum Raube; in den Himmel bringt der Glaube, meine Lieb' und Sehnsucht ein.
6. Dort ist Gnade, dort Erbarmen, ew'ge Füll' und reiche Lust. All' ihr Kranken, all' ihr Armen, zum Genesen, zum Erbarmen kommt an eures Heilands Brust!

Max v. Schenkendorf.

60a. Das zerbrochene Ringlein.

1. In einem kühlen Grunde, da geht ein Mühlen-

rad, mein Lieb=chen ist ver=schwun=den, das dort ge=wohnet
hat, mein Lieb=chen ist ver=schwun=den, das
dort ge=woh=net hat.

2. Sie hat mir Treu' versprochen, gab mir ein'n Ring dabei, sie hat die Treu' gebrochen, das Ringlein sprang entzwei.
3. Ich möcht' als Spielmann reisen weit in die Welt hinaus und singen meine Weisen und geh'n von Haus zu Haus.
4. (Stark und schnell.) Ich möcht' als Reiter fliegen wohl in die blut'ge Schlacht, um stille Feuer liegen im Feld bei dunkler Nacht.
5. (Langsam und schwach.) Hör' ich das Mühlrad gehen; ich weiß nicht, was ich will. Ich möcht' am liebsten sterben; da wär's auf einmal still.

J. v. Eichendorff.

60b. Der Wanderer in der Sägemühle.
(Nach voriger Melodie.)

1. Dort unten in der Mühle saß ich in süßer Ruh' und sah dem Räderspiele und sah den Wassern zu.
2. Sah zu der blanken Säge, es war mir wie ein Traum, die bahnte lange Wege in einen Tannenbaum.
3. Die Tanne war wie lebend; in Trauermelodie, durch alle Fasern bebend, sang diese Worte sie:
4. „Du kehrst zur rechten Stunde, o Wanderer, hier ein; du bist's, für den die Wunde mir bringt ins Herz hinein."
5. „Du bist's, für den wird werden, wenn kurz gewandert du, dies Holz im Schoß der Erden ein Schrein zur langen Ruh'."
6. Vier Bretter sah ich fallen, mir ward's ums Herze schwer. Ein Wörtlein wollt ich sagen, da — ging das Rad nicht mehr.

Justinus Kerner.

61. Lore-Lei.

Mäßig langsam. — Fr. Silcher.

1. Ich weiß nicht, was soll es be-deu-ten, daß ich so trau-rig bin! ein Märchen aus al-ten Zei-ten das kommt mir nicht aus dem Sinn. Die Luft ist kühl und es dun-kelt und ru-hig fließt der Rhein; der Gip-fel des Ber-ges fun-kelt im A-bend-son-nen-schein.

2. Die schönste Jungfrau sitzet dort oben wunderbar, ihr goldnes Geschmeide blitzet, sie kämmt ihr goldenes Haar. Sie kämmt es mit goldenem Kamme und singt ein Lied dabei, das hat eine wundersame, gewaltige Melodei.

3. Den Schiffer im kleinen Schiffe ergreift es mit wildem Weh; er schaut nicht die Felsenriffe, er schaut nur hinauf in die Höh'. Ich glaube, die Wellen verschlingen am Ende Schiffer und Kahn; und das hat mit ihrem Singen die Lore-Lei gethan.

H. Heine.

62. Weihelied.

Froh. — A. Methfessel.

1. Stimmt an mit hellem, hohem Klang, stimmt an das Lied der Lie-der, des Va-ter-lan-des Hoch-ge-sang, das Waldthal hall' es wie-der!

2. Der alten Barden Vaterland, dem Vaterland der Treue, dir niemals ausgesung'nes Land, dir weihn wir uns aufs neue.
3. Zur Ahnentugend wir uns weihn, zum Schutze deiner Hütten. Wir lieben deutsches Fröhlichsein und alte, deutsche Sitten.
4. Die Barden sollen Lieb' und Wein, doch öfter Tugend preisen und sollen biedre Männer sein in Thaten und in Weisen!
5. Ihr Kraftgesang soll himmelan mit Ungestüm sich reißen, und jeder echte deutsche Mann soll Freund und Bruder heißen! M. Claudius.

63. Der reichste Fürst.

2. Herrlich, sprach der Fürst von Sachsen, ist mein Land und seine Macht, Silber hegen seine Berge wohl in manchem tiefen Schacht.
3. Seht mein Land in üpp'ger Fülle, sprach der Kurfürst von dem Rhein, goldne Saaten in den Thälern, auf den Bergen edlen Wein!
4. Große Städte, reiche Klöster, Ludwig, Herr zu Bayern, sprach, schaffen, daß mein Land dem euern wohl nicht steht an Schätzen nach.
5. Eberhard der mit dem Barte, Württembergs geliebter Herr, sprach: Mein Land hat kleine Städte, trägt nicht Berge silberschwer;
6. Doch ein Kleinod hält's verborgen: daß in Wäldern, noch so groß, ich mein Haupt kann kühnlich legen jedem Unterthan in' Schoß.
7. Und es rief der Herr von Sachsen, der von Bayern, der vom Rhein: Graf im Bart, ihr seid der reichste, euer Land trägt Edelstein!

Justinus Kerner.

64. Deutsch vor allem.

Marschmäßig. (Auch in D-dur zu singen.) C. F. D. Schubart.

1. Vor al-len Lan = den hochge=ehrt, soll mir das deut = sche sein; da herrscht noch Treu=e und -Vertrau'n, da kann man si = cher Hüt=ten baun und sich des Le = bens freun, und sich des Le=bensfreun.

2. Vor allen Flüssen preis' ich ihn, den alten deutschen Rhein; es lacht die Flur, von ihm getränkt, die Purpurtraube glüht und schenkt uns diesen edlen Wein.

3. Vor allen Wäldern lob ich mir den deutschen Eichenhain; da lauert nicht Verrat und Mord, der Sänger lieblicher Accord wiegt uns in Schlummer ein.

4. Vor allen Erdensprachen klingt die deutsche voll und rein; sie ist kein leerer, hohler Schall, ist kräftig, mild und voll Metall; kann grob und höflich sein.

5. Vor allen Männern glänzte stets des deutschen Mannes Wert; er führt das Schwert mit starker Hand und kämpft für Fürst und Vaterland, als gält' es seinem Herd.

6. Und endlich unter allen Frau'n die deutsche mir gefällt; sie liebt nicht welsche Ziererei, ist fromm und brav und schön und treu; ihr Haus ist ihre Welt.

7. Drum tön' ein Hoch beim Becherklang dem deutschen Vaterland! Uns trennt nicht Donau, Weser, Rhein, wir wollen alle Brüder sein, vereint durch heil'ges Band.

65. Unser Vaterland.

Ruhig und heiter. H. G. Nägeli.
Einzeln.

1. Kennt ihr das Land, so wun=der=schön in sei = ner Ei = chen grü = nem Kranz, das Land, wo auf den sanf=ten Höh'n die

Trau-be reift im Son - nen - glanz? Das schö-ne Land ist
uns be-kannt, es ift das deutfche Va-ter-land.

2. Kennt ihr das Land vom Truge frei, wo noch das Wort des Mannes gilt? Das gute Land, wo Lieb' und Treu' den Schmerz des Erdenlebens stillt? Das gute Land ift uns bekannt, es ift das deutfche Vaterland.
3. Kennt ihr das Land, wo Sittlichkeit im Kreife froher Menfchen wohnt? Das heil'ge Land, wo unentweiht der Glaube an Vergeltung thront? Das heil'ge Land ift uns bekannt, es ift ja unfer Vaterland.
4. Heil dir, du Land, fo hehr und groß vor allen auf dem Erdenrund! Wie fchön gedeiht in deinem Schoß der edlern Freiheit fchöner Bund! Drum wollen wir die Liebe weihn und deines Ruhmes würdig fein.

Leonh. Wächter, genannt Veit Weber.

66. Gelübde eines deutfchen Knaben.

1. Ich hab' mich er-ge-ben, mit Herz und mit Hand, dir,
Land voll Lieb' und Le-ben, mein deut-fches Va-ter-land, dir,
Land voll Lieb' und Le-ben, mein deut-fches Va-ter-land.

2. Mein Herz ift entglommen, dir treu zugewandt, du Land der Frei'n und Frommen, du herrlich Hermannsland.
3. Ach Gott, thu' erheben mein jung Herzensblut zu frifchem, freud'gem Leben, zu freiem, frommem Mut!
4. Laß Kraft mich erwerben in Herz und in Hand, zu leben und zu sterben fürs heil'ge Vaterland!

H. F. Maßmann.

67. Das Lied der Deutschen.

Etwas langsam.   J. Haydn.

1. Deutschland, Deutschland ü-ber al-les, ü-ber al-les in der Welt,
wenn es stets zu Schutz und Trutze brü-der-lich zu-sam-men hält.

mf Einzelne.
Von der Maas bis an die Me-mel, von der Etsch bis an den Belt;

Alle. f
Deutsch-land, Deutsch-land ü-ber  al-les, ü-ber al-les in der Welt.

2. Deutsche Frauen, deutsche Treue, deutscher Wein und deutscher Sang sollen in der Welt behalten ihren alten schönen Klang; uns zu edler That begeistern unser ganzes Leben lang; deutsche Frauen, deutsche Treue, deutscher Wein und deutscher Sang!
3. Einigkeit und Recht und Freiheit für das deutsche Vaterland! Darnach laßt uns alle streben brüderlich mit Herz und Hand! Einigkeit und Recht und Freiheit sind des Glückes Unterpfand; blüh' im Glanze dieses Glückes, blühe, deutsches Vaterland!

Hoffmann v. Fallersleben.

68. Mein Vaterland.

Mäßig.   B. Klein.

1. Treu-e Lie-be bis zum Gra-be schwör' ich dir mit Herz und

Hand; was ich bin und was ich ha=be, dank' ich dir mein Vater=land. Nicht in Wor=ten nur und Lie=dern bin ich stets zum Dank be=reit; mit der That will ich's er=widern dir, in Not, in Kampf, in Streit.

2. In der Freude wie im Leide, ruf' ich's Freund und Feinden zu: Ewig sind vereint wir beide, und mein Trost, mein Glück bist du. Treue Liebe bis zum Grabe schwör' ich dir mit Herz und Hand; was ich bin und was ich habe, dank' ich dir, mein Vaterland.   Hoffmann v. Fallersleben.

69. Der frohe Wandersmann.
Theodor Fröhlich.

1. Wem Gott will rech=te Gunst er=wei=sen, den schickt er in die wei=te Welt, dem will er sei=ne Wun=der wei=sen in Berg und Wald und Strom und Feld.

2. Die Bächlein von den Bergen springen, die Lerchen jubeln hoch vor Lust; wie sollt' ich nicht mit ihnen singen aus voller Kehl' und frischer Brust?
3. Den lieben Gott laß ich nur walten, der Bächlein, Lerchen, Wald und Feld und Erd' und Himmel will erhalten, hat auch mein' Sach' aufs best' bestellt.
      J. v. Eichendorff.

70. Nach Hause.

Hau = se, von Hau = se," spricht er und seuf = zet schwer.

2. Wenn ich den Landmann frage: Wo gehst du hin? „Nach Hause, nach Hause," spricht er mit leichtem Sinn.
3. Wenn ich den Freund nun frage: Wo blüht dein Glück? „Zu Hause, zu Hause," spricht er mit frohem Blick.
4. So hat man mich gefraget: Was quält dich sehr? „Ich kann nicht nach Hause, hab' keine Heimat mehr."

71. Soldaten-Morgenlied.

träumt von Sie-ges-krän-zen, man denkt auch an den Tod.

2. Du reicher Gott, in Gnaden schau' her vom blauen Zelt! Du selbst hast uns geladen in dieses Waffenfeld. Laß uns vor dir bestehen und gieb uns heute Sieg! Die Christenbanner wehen; dein ist, o Herr, der Krieg.

3. Ein Morgen soll noch kommen, ein Morgen mild und klar; sein harren alle Frommen, ihn schaut der Engel Schar. Bald scheint er sonder Hülle auf jeden deutschen Mann. O brich, du Tag der Fülle, du Freiheitstag, brich an!

4. Dann Klang von allen Türmen und Klang aus jeder Brust und Ruhe nach den Stürmen und Lieb und Lebenslust! Es schallt auf allen Wegen dann frohes Siegsgeschrei; und wir, ihr wackern Degen, wir waren auch dabei.

Max v. Schenkendorf.

72. Abschied von der Heimat.

2. Wie du lachst mit deines Himmels Blau, lieb' Heimatland, ade! Wie du grüßest mich mit Feld und Au', lieb' Heimatland, ade! Gott weiß, zu dir steht stets mein Sinn; doch jetzt zur Ferne zieht's mich hin, lieb' Heimatland, ade!

3. Begleitest mich, du lieber Fluß; lieb' Heimatland, ade! Bist traurig, daß ich wandern muß, lieb' Heimatland, ade! Vom moos'gen Stein am wald'gen Thal, da grüß' ich dich zum letztenmal, mein Heimatland, ade!

A. Disselhoff.

73. Soldatenabschied.

Mäßig. — *Volksweise.*

1. O du Deutschland, ich muß mar-schie-ren, o du Deutschland machst mir Mut. Mei-nen Sä-bel will ich schwingen, mei-ne Ku-gel soll er-klin-gen, gel-ten soll's des Fein-des Blut, gel-ten soll's des Fein-des Blut.

2. Nun abe, herzliebster Vater! Mutter, nimm den Abschiedskuß! Für das Vaterland zu streiten, mahnt es mich nächst Gott zum zweiten, daß ich von euch scheiden muß.
3. Auch ist noch ein Klang erklungen mächtig mir durch Herz und Sinn: Recht und Freiheit heißt das dritte, und es treibt aus eurer Mitte mich in Tod und Schlachten hin.
4. O wie lieblich die Trommeln schlagen, und die Hörner blasen drein! Fahnen wehen frisch im Winde, Roß und Männer sind geschwinde, und es muß geschieden sein. — 5. Vers 1.

E. M. Arndt.

74. Wanderlied.

Gemütlich. — *Volkslied.*

1. { Wohl-auf, noch ge-trun-ken den fun-keln-den Wein!
   { A-de, nun ihr Lie-ben, ge-schie-den muß sein!

2. Die Sonne, sie bleibet am Himmel nicht stehn, es treibt sie durch Länder und Meere zu gehn; die Woge nicht haftet am einsamen Strand, die Stürme sie brausen mit Macht durch das Land. Juvivallera ꝛc.

3. Mit eilenden Wolken der Vogel dort zieht, und singt in der Ferne manch heimatlich Lied; so treibt es den Wandrer durch Wälder und Feld, zu gleichen der Mutter, der wandernden Welt. Juvivallera ꝛc.

4. Da grüßen ihn Vögel, bekannt, überm Meer; sie flogen von Fluren der Heimat hierher; da duften die Blumen vertraulich um ihn, sie trieben vom Lande die Lüfte dahin. Juvivallera ꝛc.

5. Die Vögel, sie kennen sein väterlich Haus, die Blumen, die pflanzt er der Liebe zum Strauß, und Liebe die folgt ihm, die geht ihm zur Hand; so wird ihm zur Heimat das fernste Land. Juvivallera ꝛc.   Justinus Kerner.

75. Abschied.

2. So leb' denn wohl, du schönes Land, in dem ich hohe Freude fand! Du zogst mich groß, du pflegteft mein, und nimmermehr vergeß' ich dein.

Nach Ferd. Raimund.

76a. Reiselied.

2. Kommen wir zu jenem Berge, schauen wir zurück ins Thal, schaun uns um nach allen Seiten, sehn die Stadt zum letztenmal.

3. Wann der Winter ist vorüber, und der Frühling zieht ins Feld, will ich werden wie ein Vöglein, fliegen durch die ganze Welt.

4. Dahin fliegen will ich wieder, wo's mir lieb und heimisch war, Freunde, muß ich jetzt auch wandern, kehr' ich heim doch übers Jahr.

Hoffmann v. Fallersleben.

76b. Abschied.

2. Kommen wir zu jenem Berge, schauen wir zurück ins Thal, schaun uns um nach allen Seiten, sehn die Stadt zum letztenmal. Wann der Winter ist vorüber, und der Frühling zieht ins Feld, will ich werden wie ein Vöglein, fliegen durch die ganze Welt.

3. Dahin fliegen will ich wieder, wo's mir lieb und heimisch war. Freunde, muß ich jetzt auch wandern, kehr' ich heim doch übers Jahr. Übers Jahr, o welche Freude, welcher Jubel, welche Lust! Darf ich euch doch wiedersehen, drücken euch an meine Brust.

Nach Hoffmann v. Fallersleben.

77. Zum Ausmarsch.

A. Methfessel.

1. Hin=aus in die Fer=ne mit lautem Hör=ner=klang, die Stimmen er=he=bet zum männ=li=chen Ge=sang! Der Frei=heit Hauch weht mäch=tig durch die Welt; ein frei=es, fro=hes Le=ben uns wohl=ge=fällt.

2. Wir halten zusammen, wie treue Brüder thun, wenn Tod uns umtobet und wenn die Waffen ruhn; uns alle treibt ein reiner, freier Sinn, nach einem Ziele streben wir alle hin.
3. Der Hauptmann, er lebe! Er geht uns kühn voran. Wir folgen ihm mutig auf blut'ger Siegesbahn. Er führt uns jetzt zu Kampf und Sieg hinaus; er führt uns einst, ihr Brüder, ins Vaterhaus.
4. Wer wollte wohl zittern vor Tod und vor Gefahr? Vor Feigheit und Schande erbleichet uns're Schar. Und wer den Tod im heil'gen Kampfe fand, ruht auch in fremder Erde im Vaterland.

A. Methfessel.

78. Der Mühlknappe.

K. Zöllner.

1. Das Wan=dern ist des Mül=lers Lust, das Wan=dern ist des Mül=lers Lust, das Wan - dern. Das muß ein schlech = ter Mül = ler sein, dem nie=mals fiel das Wan=dern ein, dem

niemals fiel das Wandern ein, das Wandern.

2. Vom Wasser haben wir's gelernt, vom Wasser haben wir's gelernt, vom Wasser. Das hat nicht Ruh' bei Tag und Nacht, ist stets auf Wanderschaft bedacht, ist stets auf Wanderschaft bedacht, das Wasser.

3. Das sehn wir auch den Rädern ab, das sehn wir auch den Rädern ab, den Rädern, die gar nicht gerne stille stehn und sich mein Tag nicht müde drehn, und sich mein Tag nicht müde drehn, die Räder.

4. (Langsam.) Die Steine selbst, so schwer sie sind, die Steine selbst, so schwer sie sind, die Steine, (schneller) sie tanzen mit den muntern Reih'n und wollen gar noch schneller sein, und wollen gar noch schneller sein, die Steine.

5. O Wandern, Wandern, meine Lust, o Wandern, Wandern, meine Lust, o Wandern! Herr Meister und Frau Meisterin, laßt mich in Frieden weiter ziehn, laßt mich in Frieden weiter ziehn und wandern! W. Müller.

79. Wanderlied.

Nicht zu langsam.   Volksweise.

1. Durch Feld und Buchenhallen, bald singend und bald still, recht lustig sei vor allem, recht lustig sei vor allem, wer's Reisen wählen will, wer's Reisen wählen will!

2. Wenn's kaum im Osten glühte, die Welt noch still und weit, da weht recht durchs Gemüte die schöne Blütenzeit.

3. Die Lerch' als Morgenbote sich in die Lüfte schwingt, eine frische Reisenote durch Welt und Herz erklingt.

4. O Lust, vom Berg zu schauen, weit über Wald und Strom, hoch über sich den blauen, tiefklaren Himmelsdom!

5. Vom Berge Vöglein fliegen und Wolken so geschwind; Gedanken überfliegen die Vöglein und den Wind.

6. Die Wolken gehn hernieder, das Vöglein senkt sich gleich; Gedanken gehn und Lieder fort bis ins Himmelreich.   J. v. Eichendorff.

80. Turners Wanderfahrt.

Heiter und leicht. — *Volksweise.*

1. Tur-ner ziehn, Tur-ner ziehn froh da-hin, wenn die Bäu-me schwel-len grün; Wan-der-fahrt streng und hart, das ist Tur-ner-art. Tur-ner-sinn ist wohl-be-stellt, Tur-nern Wan-dern wohl-ge-fällt; da-rum frei Tur-ne-rei stets ge-prie-sen sei!

2. Graut der Tag ins Gemach, dann ist auch der Turner wach; wird's dann hell, rasch und schnell ist er auf der Stell', wandert hin zum Sammelort, und dann ziehn die Turner fort; darum frei ꝛc.

3. Arm in Arm, sonder Harm, wandert fort der Turner Schwarm, weit und breit ziehn wir heut' bis zur Abendzeit. Und der Turner klaget nie, scheuet nimmer Wandermüh'; darum frei ꝛc.

4. Sturmessaus, Wetterbraus hält den Turner nicht zu Haus; frischer Mut wallt im Blut, deucht ihm alles gut; singt 'nen lust'gen Turnersang, bleibet froh sein Leben lang; darum frei ꝛc.

5. Stubenwacht, Ofenpacht hat die Herzen feig' gemacht; Turnersang, Wandergang macht sie frei und frank, und dem Turner wohlbekannt wird sein deutsches Vaterland; darum frei ꝛc.

6. Lebensdrang, Todesgang findet einst uns nimmer bang'. Frisches Blut, Männermut ist dann Wehr und Hut. Braust der Sturm uns auch zu Grund', fall'n wir doch zu guter Stund'; darum frei ꝛc.

H. F. Maßmann.

81. Turners Wanderlied.

Munter. — *H. Sattler.*

1. Auf, ihr Tur-ner, frisch und frei, holt den Wan-der-stab her-bei,

ziehet aus mit leichtem Sinn rüstig durch die Flur dahin! Tra=la=la, tra=la=la, tra=la=la=la=la, tra=la=la, tra=la=la, tra=la=la=la=la!

2. Aller Turner Sang und Klang tönet laut das Thal entlang, und der Vöglein Chor erschallt froh dazu in Feld und Wald. Tralala 2c.
3. Waldes Bächleins leichter Fall glänzt so rein uns wie Kristall, und sein murmelnder Gesang ladet uns zu frischem Trank. Tralala 2c.
4. Sonnenstrahl und Waldesduft bringen durch die Frühlingsluft. Schön, ja schön bist du, Natur. Alles lebt auf weiter Flur. Tralala 2c.
5. Drum ihr Turner frisch und frei, holt den Wanderstab herbei, ziehet aus mit leichtem Sinn, rüstig durch die Flur dahin! Tralala 2c.

82. Der Wanderer.

Mäßig.   Rotter.

1. Ein Sträußel am Hute, den Stab in der Hand, zieht einsam der Wandrer von Land zu Land. Er sieht manche Städte, er sieht manchen Ort; doch fort muß er wieder, muß weiter fort.

2. Viel Blumen am Wege, die sieht er da stehn, der Wandrer muß eilend vorüber gehn. Sie duften so herrlich, sie duften so schön; doch fort muß er wieder, muß weiter gehn.
3. Da sieht er ein Häuschen am Felsen gebaut, von schattigen Blumen so herrlich belaubt; da thät's ihm gefallen, da sehnt er sich hin, doch fort muß er wieder, muß weiter ziehn.
4. Es bietet das Leben ihm manchen Genuß, das Schicksal gebietet dem strauchelnden Fuß. Da steht er am Grabe und schauet zurück, hat wenig genossen das irdische Glück.
5. Doch tief in der Seele, da ruht ihm ein Hort, den riß ihm die Welle des Schicksals nicht fort: Verglüht auch das Leben ein trüg'rischer Schein, er ruft voll Vertrauen: „Die Zukunft ist mein!"

83. Jägerlied.

1. Im Wald und auf der Hei-de, da such' ich mei-ne Freu-de als fro-her Jä-gers-mann, als fro-her Jä-gers-mann. Den Forst in Treu' zu pfle-gen, das Wildbret zu er-le-gen, hab' mei-ne Freu-de dran, hab' mei-ne Freu-de dran. Hal-li, hal-lo, hal-li, hal-lo! hab' mei-ne Freu-de dran. Hal-li, hal-lo, hal-li, hal-lo! hab' mei-ne Freu-de dran.

2. Das Huhn im schnellen Fluge, die Schnepf' im Zickzackzuge treff' ich mit Sicherheit. Die Sauen, Reh' und Hirsche erleg' ich auf der Birsche. Der Fuchs läßt mir sein Kleid. Halli, hallo, halli, hallo! Der Fuchs läßt mir sein Kleid.

3. Kein Heller in der Tasche, ein Schlückchen aus der Flasche, ein Stückchen schwarzes Brot, den treuen Hund zur Seite, wenn ich den Wald durchschreite; dann hat es keine Not. Halli, hallo, halli, hallo! dann hat es keine Not.

4. Zur Erde hingestrecket, den Tisch mit Moos bedecket auf Gottes freier Flur; brennt lustig meine Pfeife, wenn ich den Wald durchstreife, wie schön ist die Natur! Halli, hallo, halli, hallo! wie schön ist die Natur!

5. Wenn sich die Sonne neiget, der düstre Nebel steiget, das Tagwerk ist gethan; dann kehr' ich von der Heide zur häuslich stillen Freude als froher Jägersmann. Halli, hallo, halli, hallo! als froher Jägersmann.

W. Bornemann.

84. Die Wacht am Rhein.

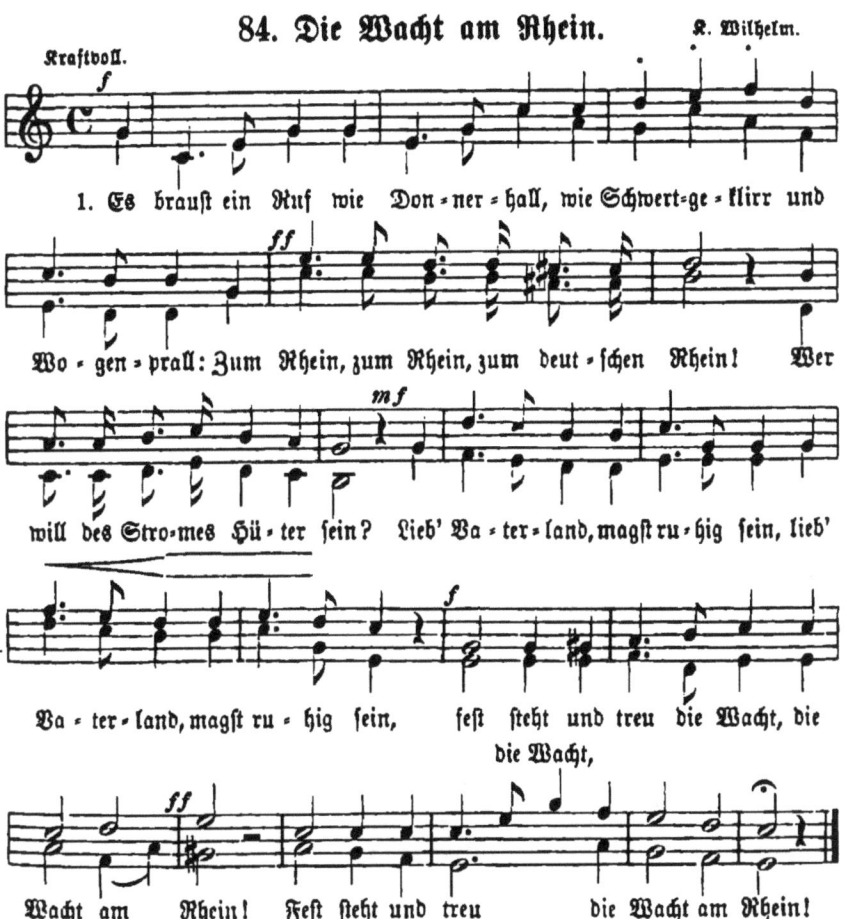

K. Wilhelm.

2. Durch Hunderttausend zuckt es schnell und aller Augen blitzen hell: der deutsche Jüngling, fromm und stark, beschirmt die heil'ge Landesmark. Lieb' Vaterland ꝛc.

3. Er blickt hinauf in Himmelsau'n, da tote Helden niederschaun, und schwört mit stolzer Kampfeslust: „Du Rhein bleibst deutsch, wie meine Brust!" Lieb' Vaterland ꝛc.

4. „Und ob mein Herz im Tode bricht, wirst du doch drum ein Welscher nicht; reich, wie an Wasser deine Flut, ist Deutschland ja an Heldenblut." Lieb' Vaterland ꝛc.

5. „So lang ein Tropfen Blut noch glüht, noch eine Faust den Degen zieht, und noch ein Arm die Büchse spannt, betritt kein Feind hier deinen Strand." Lieb' Vaterland ꝛc.

6. Der Schwur erschallt, die Woge rinnt, die Fahnen flattern hoch im Wind. Am Rhein, am Rhein, am deutschen Rhein wir alle wollen Hüter sein! Lieb' Vaterland ꝛc.

Max Schneckenburger.

85. Das Lied vom Feldmarschall Blücher.

1. Was bla-sen die Trom-pe-ten? Hu-sa-ren, her-aus! Es rei-tet der Feld-mar-schall im flie-gen-den Saus; er rei-tet so freu-dig sein mu-ti-ges Pferd, er schwin-get so schnei-dig sein blit-zen-des Schwert. Juch-hei-ras-sas-sa und die Preu-ßen sind da, die Preu-ßen sind lu-stig, sie ru-fen: Hur-ra!

2. O schauet, wie ihm leuchten die Augen so klar! O schauet, wie ihm wallet sein schneeweißes Haar! So frisch blüht sein Alter wie greisender Wein, drum kann er Verwalter des Schlachtfeldes sein. Juchheirassassa 2c.

3. Er ist der Mann gewesen, als alles versank, der mutig auf gen Himmel den Degen noch schwang. Da schwur er beim Eisen gar zornig und hart, Franzosen zu weisen die echt deutsche Art. Juchheirassassa 2c.

4. Er hat den Schwur gehalten. Als Kriegsruf erklang, hei, wie der weiße Jüngling in'n Sattel sich schwang! Da ist er's gewesen, der Kehraus gemacht, mit eisernem Besen das Land rein gemacht. Juchheirassassa 2c.

5. Bei Lützen auf der Aue er hielt solchen Strauß, daß vielen tausend Welschen der Atem ging aus. Viel Tausende liefen dort hasigen Lauf, zehntausend entschliefen, die nie wachen auf. Juchheirassassa 2c.

6. Am Waſſer der Katzbach, da hat er's auch bewährt, da hat er den Franzoſen das Schwimmen gelehrt. Fahrt wohl, ihr Franzoſen, zur Oſtſee hinab, und nehmt, Ohnehoſen, den Walfiſch zum Grab! Juchheiraſſaſſa ꝛc.

7. Bei Wartburg an der Elbe, wie fuhr er hindurch! da ſchirmte die Franzoſen nicht Schanze noch Burg, ſie mußten wieder ſpringen, wie Haſen übers Feld, und hell ließ erklingen ſein Huſſa! der Held. Juchheiraſſaſſa ꝛc.

8. Bei Leipzig auf dem Plane, — o herrliche Schlacht! — da brach er den Franzoſen das Glück und die Macht; da liegen ſie ſicher nach blutigem Fall; da ward der Herr Blücher ein Feldmarſchall. Juchheiraſſaſſa ꝛc.

9. Drum blaſet, ihr Trompeten: Huſaren, heraus! Du reite, Herr Feldmarſchall, wie Winde im Saus! Dem Siege entgegen zum Rhein übern Rhein, du tapferer Degen, in Frankreich hinein! Juchheiraſſaſſa ꝛc.

E. M. Arndt.

86. Kriegers Morgenlied.

2. Kaum gedacht, wird der Luſt ein End' gemacht. Geſtern noch auf ſtolzen Roſſen, heute durch die Bruſt geſchoſſen, morgen in das kühle Grab.

3. Ach, wie bald ſchwindet Schönheit und Geſtalt! Prahlſt du gleich mit deinen Wangen, die wie Milch und Purpur prangen, ach! die Roſen welken all'.

4. Darum ſtill füg' ich mich, wie Gott es will. Nun ſo will ich wacker ſtreiten, und ſollt' ich den Tod erleiden, ſtirbt ein braver Reitersmann.

W. Hauff.

87. Prinz Eugen vor Belgrad.

Kräftig und in mäßiger Bewegung. Österreichisches Soldatenlied vom J. 1719.

1. Prinz Eu-ge-ni-us, der ed-le Rit-ter, wollt' dem Kai-ser wie-drum krie-gen Stadt und Fe-stung Bel-ge-rad. Er ließ schla-gen ei-nen Bruk-ken, daß man kunnt' hin-ü-ber ruk-ken mit b'r Ar-mee wohl für die Stadt.

3. Am ein-und-zwan-zig-sten Au-gust so e-ben kam ein Spi-on —

6. Die Mus-ke-tier' —

9. Prinz Lu-de-wig der mußt' auf-ge-ben —

13. an die drei-mal-hun-dert-tau-send Mann.¹

2. Als der Brucken nun war geschlagen, daß man kunnt' mit Stuck und Wagen frei passiern den Donaufluß, bei Semlin schlug man das Lager, alle Türken zu verjagen, ihn'n zum Spott und zum Verdruß.

3. Am einundzwanzigsten August so eben, kam ein Spion bei Sturm und Regen, schwur's dem Prinz'n und zeigt's ihm an, daß die Türken sutragieren, so viel als man kunnt' verspüren, an die dreimalhunderttausend Mann.

4. Als Prinz Eugenius dies vernommen, ließ er gleich zusammenkommen sein' Gen'ral und Feldmarschall. Er thät sie recht instrugieren, wie man sollt' die Truppen führen und den Feind recht greifen an.

5. Bei der Parole thät er befehlen, daß man sollt' die Zwölfe zählen bei der Uhr um Mitternacht; da sollt' all's zu Pferd aufsitzen, mit dem Feinde zu scharmützen, was zum Streit nur hätte Kraft.

6. Alles saß auch gleich zu Pferde, jeder griff nach seinem Schwerte, ganz still ruckt' man aus der Schanz'; die Musketier' wie auch die Reiter thäten alle tapfer streiten; 's war fürwahr ein schöner Tanz!

7. Ihr Konstabler auf der Schanze, spielet auf zu diesem Tanze mit Kartaunen groß und klein, mit den großen, mit den kleinen auf die Türken, auf die Heiden, daß sie laufen alle davon!

8. Prinz Eugenius auf der Rechten thät als wie ein Löwe fechten, als Gen'ral und Feldmarschall. Prinz Ludwig ritt auf und nieder: „Halt't euch brav, ihr deutschen Brüder, greift den Feind nur herzhaft an!"

9. Prinz Ludewig der mußt' aufgeben seinen Geist und junges Leben, ward getroffen von dem Blei. Prinz Eugen war sehr betrübet, weil er ihn so sehr geliebet, ließ ihn bringen nach Peterwardein.

Der Sage nach von einem brandenburgischen Krieger gedichtet, der unter dem Fürsten von Dessau in Eugens Heer diente.

88. Der Soldat.

Im langsamen Marschtakt.   Fr. Silcher.

1. Es geht bei ge-dämpf-ter Trom-mel Klang; wie weit noch die Stätte, der Weg wie lang! O wär' er zur Ruh und al-les vor-bei! Ich glaub, es bricht mir das Herz ent-zwei, ich glaub, es bricht mir das Herz ent-zwei.

2. Ich hab in der Welt nur ihn geliebt, nur ihn, dem man jetzt den Tod doch giebt. Bei klingendem Spiele wird paradiert, dazu bin auch ich, auch ich kommandiert.

3. Nun schaut er auf zum letztenmal in Gottes Sonne freudigen Strahl, nun binden sie ihm die Augen zu — dir schenke Gott die ewige Ruh.

4. Es haben die Neun wohl angelegt, acht Kugeln haben vorbeigefegt; sie zitterten alle vor Jammer und Schmerz, ich aber, ich traf ihn mitten ins Herz.

A. v. Chamisso.

89. Der gute Kamerad.

Schrittmäßig. — *Volksweise.*

1. Ich hatt' ei-nen Ka-me-ra-den, ei-nen beß-sern find'st du nit. Die Trommel schlug zum Strei-te, er ging an mei-ner Sei-te in glei-chem Schritt und Tritt, in glei-chem Schritt und Tritt.

2. Eine Kugel kam geflogen: Gilt 's mir, oder gilt es dir? Ihn hat es weggerissen; er liegt mir vor den Füßen, als wär's ein Stück von mir.
3. Will mir die Hand noch reichen, derweil ich eben lad'. „Kann dir die Hand nicht geben, bleib du im ew'gen Leben, mein guter Kamerad!"

L. Uhland.

90. Der Schweizer.

Mäßig. — *Fr. Silcher.*

1. Zu Straßburg auf der Schanz' da ging mein Trau-ern an; das Alp-horn hört' ich drü-ben wohl-an-stim-men, ins Va-ter-land mußt' ich hin-ü-ber-schwim-men. Das ging nicht an.

91. Der alte Barbarossa.

H. Gersbach.

1. Der al-te Bar-ba-ros-sa, der Kai-ser Frie-de-rich, im un-ter-irb'-schen Schlos-se hält er ver-zau-bert sich.

2. Er ist niemals gestorben, er lebt darin noch jetzt, er hat im Schloß verborgen zum Schlaf sich hingesetzt.
3. Er hat hinabgenommen des Reiches Herrlichkeit und wird einst wiederkommen mit ihr zu seiner Zeit.
4. Der Stuhl ist elfenbeinern, darauf der Kaiser sitzt, der Tisch ist marmelsteinern, darauf sein Haupt er stützt.
5. Sein Bart ist nicht von Flachse, er ist von Feuersglut, ist durch den Tisch gewachsen, darauf sein Kinn ausruht.
6. Er nickt, als wie im Traume, sein Aug' halb offen zwinkt, und je nach langem Raume er einem Knaben winkt.
7. Er spricht im Schlaf zum Knaben: „Geh' hin vors Schloß, o Zwerg, und sieh', ob noch die Raben herfliegen um den Berg.
8. Und wenn die alten Raben noch fliegen immerdar, so muß ich auch noch schlafen verzaubert hundert Jahr'."

Fr. Rückert.

Mäßig.
92. O Straßburg, o Straßburg.

1. O Straßburg, o Straßburg, du wun-der-schö-ne Stadt, darinnen liegt be-gra-ben so man-ni-ger Sol-dat, darinnen liegt be-gra-ben so man-ni-ger Sol-dat.

2. So mancher und schöner, auch tapferer Soldat, der Vater und lieb Mutter böslich verlassen hat.
3. Verlassen, verlassen, es kann nicht anders sein, zu Straßburg, ja zu Straßburg Soldaten müssen sein.
4. Der Vater, die Mutter die ging'n vors Hauptmanns Haus: „Ach Hauptmann, lieber Herr Hauptmann, gebt uns den Sohn heraus!"
5. „Eur'n Sohn kann ich nicht geben für noch so vieles Geld; euer Sohn und der muß sterben im weit und breiten Feld."

93a. Heil dir im Siegerkranz.

Feierlich, nicht zu langsam.   Dr. J. Bull.

1. Heil dir im Sie=ger=kranz, Herr=scher des Va=ter=lands,
Heil, Kö=nig dir! Fühl' in des Thro=nes Glanz die ho=he
Won=ne ganz, Lieb=ling des Volks zu sein! Heil, Kö=nig, Heil!

2. Nicht Roß, nicht Reisige sichern die steile Höh', wo Fürsten stehn. Liebe des Vaterlands, Liebe des freien Mann's gründen den Herrscherthron, wie Fels im Meer.
3. Heilige Flamme glüh', glüh' und erlösche nie fürs Vaterland! Wir alle stehen dann mutig für einen Mann, kämpfen und bluten gern für Thron und Reich.
4. Handlung und Wissenschaft hebe mit Mut und Kraft ihr Haupt empor! Krieger= und Heldenthat, finde ihr Lorbeerblatt treu aufgehoben dort an deinem Thron.
5. Sei, König Wilhelm, hier lang' deines Volkes Zier, des Landes Stolz! Fühl' in des Thrones Glanz die hohe Wonne ganz, Liebling des Volks zu sein! Heil, König, Heil!   Nach „Lied für den dänischen Unterthan von Heinrich Harries"
von B. G. Schumacher.

93b. Heil dem Kaiser.
(Nach voriger Melodie.)

1. Heil dir im Siegerkranz, Herrscher des Vaterlands, Heil Kaiser dir! Du hast am Rhein gewacht, hast Deutschland eins gemacht, brachst seiner Feinde Macht, Heil Kaiser dir!

2. Nun mag Europa drohn! Dich rief zum Kaiserthron Germanias Dank. Er, dem bein Herz geglaubt, setzte dir siegumlaubt die Kaiserkron' aufs Haupt. Heil Kaiser dir!
3. Herrsche nach Gottes Recht, du und dein ganz Geschlecht, Deutschland zum Heil! Wahrheit dein Purpurkleid, Gnade dein Krongeschmeid, Friede dein Throngeleit! Heil Kaiser dir!

94. Die drei hohen Feste.

a) Weihnachtsfest. Sicilianische Volksweise.

1. O du fröh-li-che, o du se-li-ge, gna-den-bringen-de Weihnachtszeit! Welt ging ver-lo-ren, Christ ist ge-bo-ren; freu-e, freu-e dich, o Chri-sten-heit!

2. O du fröhliche, o du selige, gnadenbringende Weihnachtszeit! Christ ist erschienen, uns zu versühnen; freue, freue dich, o Christenheit!
3. O du fröhliche, o du selige, gnadenbringende Weihnachtszeit! Himmlische Heere jauchzen dir Ehre; freue, freue dich, o Christenheit! *Joh. Dan. Falk.*

b) Osterfest.

1. O du fröhliche, o du selige, gnadenbringende Osterzeit! Welt lag in Banden, Christ ist erstanden; freue, freue dich, o Christenheit!
2. O du fröhliche, o du selige, gnadenbringende Osterzeit! Tod ist bezwungen, Leben errungen; freue, freue dich, o Christenheit!
3. O du fröhliche, o du selige, gnadenbringende Osterzeit! Kraft ist gegeben, laßt uns ihm leben; freue, freue dich, o Christenheit!

c) Pfingstfest.

1. O du fröhliche, o du selige, gnadenbringende Pfingstenzeit! Christ, unser Meister, heiligt die Geister; freue, freue dich, o Christenheit!
2. O du fröhliche, o du selige, gnadenbringende Pfingstenzeit! Führ', Geist der Gnade, uns deine Pfade; freue, freue dich, o Christenheit!
3. O du fröhliche, o du selige, gnadenbringende Pfingstenzeit: Uns, die Erlösten, Geist, willst du trösten; freue, freue dich, o Christenheit!

95. Der Engelgesang.

Eh = re sei Gott! Eh = re sei Gott! Eh = re sei Gott in der Hö = he! Frie = de auf Er = den, Frie = de auf Er = den, und den Menschen ein Wohl = = ge = fal = len!

96. Die stille und heilige Nacht.

Friedr. Gruber.

1. Stil = le Nacht, hei = li = ge Nacht! Al = les schläft, ein=sam wacht nur das trau = te, hoch=hei = li = ge Paar. Hol=der Kna = be im lok = ki = gen Haar schlaf' in himm =li = scher Ruh', schlaf' in himm =li = scher Ruh'!

2. Stille Nacht, heilige Nacht! Hirten erst kund gemacht; durch der Engel Halleluja tönt es laute von fern und nah: „Christ, der Retter ist da!"
3. Stille Nacht, heilige Nacht! Gottes Sohn, o, wie lacht, Lieb' aus deinem göttlichen Mund, da uns schlägt die rettende Stund', Christ, in deiner Geburt!

Pfarrer Mohr im Salzburgischen.

97. Weihnachtslied aus dem 15. Jahrhundert.

(Auch in G-dur zu singen.)   Satz von Thorbecke.

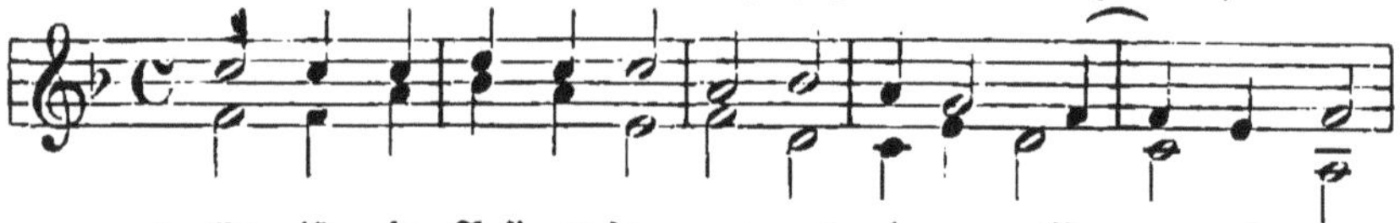

1. Es ist ein Ros' entsprungen aus einer Wurzel zart,  als uns die Alten sungen, von Jesse kam die Art  und hat ein Blümlein bracht mitten im kalten Winter, wohl zu der halben Nacht.

2. Das Röslein, das ich meine, davon Jesaias sagt, hat uns gebracht alleine Marie, die reine Magd; aus Gottes ew'gem Rat hat sie ein Kind geboren, wohl zu der halben Nacht.

98. In der Christnacht.

Freudig.   Portugiesische Melodie.

1. Herbei, o ihr Gläubigen, fröhlich triumphierend, o kommet, o kommet nach Bethlehem! Sehet das Kindlein uns zum

Heil ge = bo = ren. O laſ=ſet uns an = be=ten, o laſ = ſet uns an=be = ten, o laſ = ſet uns an = be = ten den Kö = nig!

2. Kommt, ſinget dem Herren, o ſingt ihm, Engelchöre! Frohlocket, froh=locket ihr Seligen: „Ehre ſei Gott im Himmel und auf Erden!" O laſſet uns anbeten ꝛc.
4. Du, der du heute biſt für uns geboren, Jeſu, Preis ſei dir und Ehre und Ruhm! Dir, fleiſchgeword'nes Wort des ewgen Vaters! O laſſet uns anbeten ꝛc.

Nach: Adeste fideles.

99. Oſterlied.

Froh. Spazier.

1. Ich ſag' es je=dem, daß er lebt und auf=er=ſtan=den iſt, daß er in unſ'rer Mit = te ſchwebt und e = wig bei uns iſt.

2. Ich ſag' es jedem, jeder ſagt es ſeinen Freunden gleich, daß bald an allen Orten tagt das neue Himmelreich.
3. Jetzt ſcheint die Welt dem neuen Sinn erſt wie ein Vaterland; ein neues Leben nimmt man hin entzückt aus ſeiner Hand.
4. Hinunter in das tiefe Meer verſank des Todes Grau'n, und jeder kann nun leicht und hehr in ſeine Zukunft ſchaun.
5. Der dunkle Weg, den er betrat, geht in den Himmel aus, und wer nun hört auf ſeinen Rat kommt auch in Vaters Haus.
6. Nun weint auch keiner mehr allhie, wenn eins die Augen ſchließt; vom Wiederſehn, ſpät oder früh, wird dieſer Schmerz verſüßt.
7. Es kann zu jeder guten That ein jeder friſcher glühn, denn herrlich wird ihm dieſe Saat in ſchönern Fluren blühn.
8. Er lebt und wird nun bei uns ſein, wenn alles uns verläßt; und ſo ſoll dieſer Tag uns ſein ein Weltverjüngungsfeſt.

Fr. L. v. Hardenberg.

100. Seligkeit in Jesu.

Choralmäßig. — *Breidenstein.*

1. Wenn ich ihn nur habe, wenn er mein nur ist;  wenn mein Herz bis hin zum Grabe seine Treue nie vergißt: weiß ich nichts von Leide, fühle nichts als Andacht, Lieb' und Freude.

2. Wenn ich ihn nur habe, laß ich alles gern, folg' an meinem Wanderstabe treugesinnt nur meinem Herrn; lasse still die andern breite, lichte, volle Straßen wandern.

3. Wo ich ihn nur habe, ist mein Vaterland, und es fällt mir jede Gabe wie ein Erbteil in die Hand. Längst vermißte Brüder find' ich nun in seinen Jüngern wieder.

Fr. L. v. Hardenberg.

101. Der beste Freund.

Mäßig langsam. — *Volksweise.*

1. {Der beste Freund ist in dem Himmel, auf Erden
denn bei dem falschen Weltgetümmel steht Redlich-

71

sind nicht Freun-de viel; Drum hab' ich's im-mer so ge-
keit oft auf dem Spiel.

meint: im Him-mel ist der be-ste Freund.

2. Die Menschen sind wie eine Wiege, nur Jesus stehet felsenfest. Und ob ich gleich darnieder liege, mich seine Treu' doch nie verläßt. Drum hab' ich's immer 2c.

3. Der ließ sich selber für mich töten, vergoß für mich sein teures Blut; steht mir noch bei in allen Nöten und spricht für meine Sünden gut. Drum hab' ich's immer 2c.

Schmolke.

102. Der alte Landmann an seinen Sohn.

W. A. Mozart.

1. Üb' im-mer Treu' und Red-lich-keit bis an dein küh-les
Grab und wei-che kei-nen Fin-ger breit von
Got-tes We-gen ab!

2. Dann wirst du wie auf grünen Au'n durchs Pilgerleben gehn; dann kannst du sonder Furcht und Grau'n dem Tod ins Antlitz sehn.

3. Dann wird die Sichel und der Pflug in deiner Hand so leicht; dann singest du beim Wasserkrug, als wär' dir Wein gereicht.

4. Dann suchen Enkel deine Gruft und weinen Thränen drauf, und Sommerblumen, voll von Duft, blühn aus den Thränen auf.

L. Hölty.

103. Heil dem Hause.

1. O selig Haus, wo man dich aufgenommen, du wahrer Seelenfreund, Herr Jesu Christ, wo unter allen Gästen, die da kommen, du der gefeiertste und liebste bist; wo aller Herzen dir entgegenschlagen, und aller Augen freudig auf dich sehn, wo aller Lippen dein Gebot erfragen, und alle deines Winks gewärtig stehn!

2. O selig Haus, wo Mann und Weib in einer, in deiner Liebe eines Geistes sind; wo beide eines Heils gewürdigt, keiner im Glaubensgrunde anders ist gesinnt; wo beide unzertrennbar an dir hangen, in Lieb' und Leid, Gemach und Ungemach, und nur bei dir zu bleiben stets verlangen, an jedem guten, wie am bösen Tag.

3. O selig Haus, wo man die lieben Kleinen mit Händen des Gebets ans Herz dir legt, du Freund der Kinder, der sie als die Seinen mit mehr als Mutterliebe hegt und pflegt; wo sie zu deinen Füßen gern sich sammeln, und horchen deiner süßen Rede zu, und lernen früh dein Lob mit Freuden stammeln, sich deiner freun, du lieber Heiland du.

4. O selig Haus, wo Knecht und Magd dich kennen, und wissend, wessen Augen auf sie sehn, bei allem Werk von einem Eifer brennen, daß es nach deinem Willen mag geschehn; als deine Diener, deine Hausgenossen, in Demut willig und in Liebe treu das Ihre schaffen, froh und unverdrossen, in kleinen Dingen zeigen große Treu'!

5. O selig Haus, wo du die Freude teilest, wo man bei keiner Freude dein vergißt; o selig Haus, wo du die Wunden heilest und aller Arzt und aller Tröster bist, bis jeder einst sein Tagewerk vollendet, und bis sie endlich alle ziehen aus, dahin, woher der Vater dich gesendet; ins große, freie, schöne Vaterhaus!

Philipp Spitta.

104. Himmelsluft.

2. Süßes Licht, Sonne, die durch Wolken bricht! O, wann werd' ich dahin kommen, daß ich dort mit allen Frommen schau' dein holdes Angesicht?
3. Ach, wie schön ist der Engel Lobgetön! Hätt' ich Flügel, hätt' ich Flügel, flög' ich über Thal und Hügel heute noch nach Zions Höh'n.
4. Wie wird's sein, wenn ich zieh' in Salem ein, in die Stadt der goldnen Gassen — Herr, mein Gott, ich kann's nicht fassen, — was das wird für Wonne sein!
5. Paradies, wie ist deine Frucht so süß! Unter deinen Lebensbäumen wird uns sein, als ob wir träumen; bring' uns, Herr, ins Paradies! Knak.

Ausgang.

Nachtrag.

1. Gott weiß es.

Mäßig langsam. *Volksweise.*

1. Weißt du, wie viel Sternlein stehen an dem blauen Himmelszelt?
   weißt du, wie viel Wolken gehen weit hin über alle Welt?
   Gott der Herr hat sie gezählet, daß ihm auch nicht eines fehlet an der ganzen großen Zahl, an der ganzen großen Zahl.

2. Weißt du, wie viel Mücklein spielen in der heißen Sonnenglut? wie viel Fischlein auch sich kühlen in der hellen Wasserflut? Gott der Herr rief sie mit Namen, daß sie all' ins Leben kamen, daß sie nun so fröhlich sind.

3. Weißt du, wie viel Kinder frühe stehn aus ihren Bettlein auf, daß sie ohne Sorg' und Mühe fröhlich sind im Tageslauf? Gott im Himmel hat an allen seine Lust, sein Wohlgefallen, kennt auch dich und hat dich lieb.

W. Hey.

2. Häslein im Mondenschein.

Mäßig. L. Erk.

1. Als der Mond schien helle, kam ein Häslein schnelle,

such= te sich sein A= bend=brot. Hu! ein Jä= ger schoß mit Schrot.

2. Traf nicht flinkes Häslein. Weh! er sucht im Täschlein, ladet Blei und Pulver ein, Häslein soll des Todes sein.
3. Häslein läuft voll Schrecken hinter grüne Hecken, spricht zum Mond: lösch' aus dein Licht, daß mich sieht der Jäger nicht!
4. Und der Mond, der helle, zog die Wolken schnelle, groß und klein vor sein Gesicht: ward zur Finsternis das Licht.
5. Häslein ging zur Ruhe, zog aus Rock und Schuhe, legte sich aufs weiche Moos, schlief wie auf der Mutter Schoß.   Karl Wilhelm Rüdiger.

3. Der gute Reiche.

Sehr mäßig und sanft.   Adam Wilhelm Erk.

1. An ei=nem Fluß, der rauschend schoß, ein ar=mes Mädchen saß; aus

ih=ren blau=en Aug=lein floß manch Thrän chen in das Gras.

2. Sie wand aus Blümchen einen Strauß und warf ihn in den Strom. Ach, guter Vater, — rief sie aus, — ach, lieber Bruder, komm!
3. Ein reicher Herr gegangen kam und sah des Mädchens Schmerz, sah ihre Thränen, ihren Gram, und dies brach ihm das Herz.
4. „Was fehlet, liebes Mädchen, dir? was weinest du so früh? sag' deiner Thränen Ursach' mir: kann ich, so heb' ich sie."
5. „„Ach, lieber Herr!"" sprach sie und sah mit trübem Aug' ihn an: „„du siehst ein armes Mädchen da, dem Gott nur helfen kann.
6. „„Denn sieh! dort jene Rasenbank ist meiner Mutter Grab; und ach, vor wenig Tagen sank mein Vater hier hinab.
7. „„Der wilde Strom riß ihn dahin, mein Bruder sah's und sprang ihm nach; da faßt der Strom auch ihn, und ach, auch er ertrank!
8. „„Nun ich im Waisenhause bin, und wenn ich Rasttag hab', schlüpf' ich zu diesem Flusse hin und weine mich recht ab.""
9. „Sollst nicht mehr weinen, liebes Kind! ich will dein Vater sein: du hast ein Herz, das es verdient, du bist so fromm und fein."
10. Er that's und nahm sie in sein Haus, der gute reiche Mann, zog ihr die Trauerkleider aus, und zog ihr schön're an.
11. Sie aß an seinem Tisch und trank aus seinem Becher satt. — Du, guter Reicher, habe Dank für deine edle That!   Kaspar Friedrich Lossius.

4. Rätsel.

1. Ein Männlein steht im Walde ganz still und stumm, es hat von lauter Purpur ein Mäntlein um. Sagt! wer mag das Männlein sein, das da steht im Wald allein mit dem purpurroten Mäntelein?

2. Das Männlein steht im Walde auf einem Bein und hat auf seinem Haupte schwarz Käpplein klein. Sagt! wer mag das Männlein sein, das da steht im Wald allein mit dem kleinen schwarzen Käppelein?

(Ein Knabe spricht:) Das Männlein dort auf einem Bein mit seinem roten Mäntelein und seinem schwarzen Käppelein kann nur die Hagebutte sein.

Hoffmann v. Fallersleben.

5. Das Lämmchen.

1. Ein junges Lämmchen, weiß wie Schnee, ging einst mit auf die Weide; mutwillig sprang es in den Klee mit ausgelaß'ner Freude.

2. Hopp, hopp! ging's über Stock und Stein mit unvorsicht'gen Sprüngen. „Kind," rief die Mutter, „Kind, halt ein! es möchte dir mißlingen."

3. Allein das Lämmchen hüpfte fort, bergauf, bergab in Freuden; doch endlich mußt's am Hügel dort für seinen Leichtsinn leiden.

4. Am Hügel lag ein großer Stein, den wollt' es überspringen; seht da! es springt und bricht ein Bein: aus war nun Lust und Springen.

Friedrich Justin Bertuch.

Druck von C. Bertelsmann in Gütersloh.